Scott Hahn & Brandon McGinley

Würdig und Recht

Scott Hahn & Brandon McGinley

WÜRDIG UND RECHT

WARUM DIE ZUKUNFT DER GESELLSCHAFT VOM WAHREN GLAUBEN ABHÄNGT

Renovamen-Verlag

Impressum

Bibliographische Informationen der Deutschen Nationalbibliothek,
abrufbar unter http://dnb.ddb.de

Buchgestaltung und Satz: Marcel Hagmann, keilergrafik.de
Umschlagbild: »Die Segnung des Weizens im Artois« von Jules Breton (1857)

Scott Hahn & Brandon McGinley
Würdig und recht. Warum die Zukunft der Gesellschaft
vom wahren Glauben abhängt
236 Seiten, Bad Schmiedeberg 2022

Originaltitel: It Is Right and Just. Why the Future of Civilization
Depends on True Religion

2. Auflage 2026

www.renovamen-verlag.de
Aus dem Englischen übertragen von Benjamin Janszen und Hubertus Reuscher

ISBN 978-3-95621-176-8

Inhalt

Kapitel 1: Opium des Volkes

»Religion … ist das Opium des Volkes.«

Diese plakative Aussage von Karl Marx gehört zu den meistzitierten der Welt; oft wird sie als Waffe eingesetzt. Vielen Atheisten gilt sie als Beispiel meisterhaft prägnanter Geringschätzung jedweder organisierten Religion. Vielen anderen gilt sie als Beweis der Borniertheit Marx' und als Bestätigung, daß sein Denken durchaus wertlos sei. Beide Seiten sind sich jedoch darin einig, daß die Aussage die Hinneigung zur Religion als geistig abstumpfende Annehmlichkeit derjenigen qualifiziert, die zu töricht sind, die Welt so zu sehen, wie sie ist.

Nun trifft es zu, daß Marx die Religion verachtete und deren Vernichtung als Bestandteil der letzten Phase gesellschaftlicher Entwicklung – d.h. des Kommunismus – herbeisehnte. Jedoch waren seine Überlegungen etwas komplexer, als gemeinhin erkannt wird. Das wird auch aus dem Kontext des »Opium«-Zitats deutlich, dem es entnommen ist: »Die Religion ist der Seufzer der bedrängten Kreatur, das Gemüt einer herzlosen Welt, wie sie der Geist geistloser Zustände ist. Sie ist das Opium des Volkes.«[1]

1 Marx, Karl: *Zur Kritik der Hegel'schen Rechts-Philosophie.* In: Marx Engels Wer-

Es verhält sich also anscheinend anders: Marx beschreibt hier Religiosität nicht als Refugium für Schwachsinnige, sondern als Oase der Humanität inmitten unmenschlicher Zustände. Man könnte meinen, er habe hier, im Widerspruch zu sich selbst, der Beobachtung Ausdruck verliehen, dass fester und vertrauensvoller Glaube an das Göttliche sowohl für den Einzelnen als auch für die Gesellschaft tatsächlich etwas Gutes bewirkt.

Marx ist jedoch eingefleischter Materialist. Deswegen spricht es ihm zufolge gerade nicht für die Religion, daß sie Balsam für die Wunden sei, die der Kapitalismus dem Leib der Arbeiterklasse zugefügt habe. Eben weil religiöse Lehren wie Gottesliebe, Barmherzigkeit und Nächstenliebe das Leid erträglicher machen, besteht für Marx die Notwendigkeit, die Religion auszumerzen: Sie bewirkt die Blindheit der Arbeiter für die Ausbeutung, der sie unterworfen sind.

Für Marx ist die Religion ein Hindernis auf dem Wege zur Revolution: Sobald letztere beendet ist, besteht für erstere kein Bedarf mehr. Dann nämlich gäbe es keine strukturelle Unterdrückung mehr, die betäubt werden müsste. So liest man im nächsten Absatz die ebenso beeindruckende wie unzutreffende Aussage:

> Die Aufhebung der Religion als des illusorischen Glücks des Volkes ist die Forderung seines wirklichen Glücks. Die Forderung, die Illusionen über seinen Zustand aufzugeben, ist die Forderung, einen Zustand aufzugeben, der der Illusionen bedarf. Die Kritik der Religion ist also im Keim die

ke (MEW), Band 1, S. 378.

Kritik des Jammertales, dessen Heiligenschein die Religion ist.[2]

Die Apostrophierung organisierter Religion als »Opium«, die auch etliche Denker vor und nach Marx vorgenommen haben, bleibt jedenfalls ein Mißbrauch, der allerdings etwas subtiler ist, als es zunächst den Anschein hat. Marx sieht Religion als Wirklichkeitsflucht, in der Art einer sedierenden Droge: Menschliches Fluchtverhalten, orientiert in eine Welt von Werten und Tugenden, die buchstäblich »zu gut für diese Welt« sind.

So interessant das Wort »Opium« in Marx' berüchtigtem Zitat auch sein mag, im Folgenden wird uns dessen erstes Wort – »Religion« – beschäftigen. Auch wenn wir die Sichtweise der Religion, die Karl Marx vorgetragen hat, als unangenehm empfinden, könnte es dennoch sein, dass die Art, wie wir »Religion« definieren, seinem Standpunkt ähnlicher ist, als uns lieb ist.

Worte verändern im Laufe der Zeit ihre Bedeutung, und selbst grundsätzliche Vorstellungen über das menschliche Leben und die Moral können sich weiterentwickeln – oder ebenso oft einer Abwärtsentwicklung unterliegen. Jedermann sind Fälle bekannt, in denen sich die Bedeutung eines Wortes schnell verändert hat: Sprach man etwa vor nicht allzu langer Zeit davon, jemand habe mit einer »Schwulität« zu

2 Marx, Karl: *Kritik der Hegel'schen Rechts-Philosophie*, S. 379.

schaffen, so war jedem klar, was gemeint war. Die allgemeine Sprachverrohung hat das ihrige getan, um gegenwärtig eben diesen Ausdruck beinahe zwangsläufig Mißverständnissen auszusetzen. Wichtiger sind aber jene unmerklichen Veränderungen der Sprache, bei denen eine Begrifflichkeit, auf die sich ein Wort bezieht, aufgrund veränderter historischer und philosophischer Kontexte eine neue Bedeutung erhält.

Seit der Aufklärung haben sich viele der folgenreichsten Bedeutungsverschiebungen in der Weise vollzogen, daß grundlegende Begriffe ihrer Verwurzelung in der Wahrheit beraubt wurden. Beispielsweise wäre der Freiheitsbegriff für die meisten Menschen der Vormoderne selbstverständlich ein solcher gewesen, der den Erfordernissen moralischer Grenzlinien Rechnung trägt. Eine »Freiheit zu sündigen« wäre, da in sich widersprüchlich, als unverständlich erschienen. Umgekehrt kann man heute ein Konzept von Freiheit, das den Faktoren Rechnung trägt, welche in der eigenen Vorstellungswelt nicht vorkommen (und deren Nichtberücksichtigung Personen, sofern sie nicht schon durch Abtreibung ums Leben kamen, schadet), nicht mehr nachvollziehen.

In der Zeit, in der Marx lebte, war der Begriff der Religion bereits aus seinem eigentlichen Zusammenhang gelöst. Die meisten unserer Zeitgenossen, so auch die meisten »liberalen Christen«, verkennen, daß das Religionsverständnis des Karl Marx von demjenigen der Vormoderne zu unterscheiden ist. Trotz des Umstandes, daß Christen (manchmal auch Nichtchristen) ein gewisses Maß an katechetischen Informationen über die Verfremdung des Freiheitsbegriffes zur Kenntnis genommen haben, blieb gleichwohl ein bewußter Widerstand gegen einen modernen, liberalistischen und radikal säkularistischen Begriff von »Religion« aus. Somit erscheint dieser Begriff nunmehr allgemeingültig und dem Wandel der Zeiten enthobenen, obwohl er erst in der relativ kurzen Zeitspanne der letzten Jahrhunderte zur Geltung kam.

Es ist also eine Tatsache, daß die überwältigende Mehrheit der »liberalen Christen« eine mehr oder weniger gleichlautende Definition von »Religion« vornehmen würde wie Karl Marx: Ein System von Anschauungen, welches zumeist, wenn auch nicht immer, das »Übernatürliche« zum Gegenstand hat. So wie Eichhörnchen, Hamster und Präriehunde alle als Vertreter desselben Typus gelten – genauer gesagt, der Familien der Ordnung der Nagetiere zugehörig –, so werden Christentum, Islam und Buddhismus als verschiedene Arten einer Gattung namens »Religion« verstanden.

Marx beschrieb zwar ein Europa, in dem das Christentum immer noch eine Vormachtstellung einnahm, verwendete aber den Terminus »Religion« eindeutig in einem umfassenderen Sinn, da er ansonsten vom »Christentum« gesprochen hätte. Als konsequenter Materialist betrachtete Marx alle Weltanschauungssysteme, die eine »Betäubung durch Realitätsflucht« darstellen, als Hindernis für das Bewußtsein der Arbeiterklasse und damit als Hemmnis der Revolution und des Kommunismus. Religion, gleichgültig welchen Inhalts, war für ihn ein anthropologisch-soziologisches Phänomen – eine interessante Gewohnheit menschlicher Personen und Gesellschaften, wie die Politik –, jedoch eine solche, die bald der Bedeutungslosigkeit anheimfallen würde.

Jedoch denken auch die meisten modernen Christen über »Religion« im Allgemeinen in säkular-materialistischen Kategorien, in denen sämtliche (religiöse) Weltanschauungen unter den Allgemeinbegriff eines anthropologisch-soziologischen Phänomens eingeordnet werden. Vielleicht sieht man, übrigens richtigerweise, daß manche religiösen Weltanschauungen eher der Wahrheit gerecht werden als andere. Nichtsdestoweniger werden alle als gleichberechtigt dem Gesamtphänomen der »Religion« zugeordnet, so wie Biber und Ratte gleichermaßen Nagetiere sind – auch wenn wir das eine als nützlicher und liebenswerter empfinden als das andere.

Das aber ist der gleiche Fehler, dessen sich die modernen Liberalen schuldig gemacht haben, als sie die Freiheit von der Wahrheit getrennt haben. Niemand kann behaupten, daß Abtreibung und Nächstenliebe gleichermaßen Ausdruck des Phänomens der menschlichen Freiheit sind. Ebenso wenig kann man sagen, daß wahre und falsche Weltanschauungen gleichermaßen Ausprägungen des Phänomens der Religion sind. Stattdessen wäre – mit der Kirche und den Denkern aller Zeiten – festzuhalten, daß die Religion eine Tugend ist – die, wie jede andere, in Entsprechung zur Wahrheit gepflegt oder durch Verfall in Irrtum zerstört werden kann.

❧

Man kann nicht die Behauptung aufstellen, daß es mehrere Religionen gibt, jedenfalls nicht in dem Sinne, wie es die meisten modernen Menschen tun. Vielmehr gibt nur eine einzige Religion, und diese besteht, wie wir noch sehen werden, in der Tugend, durch die wir dem einzigen Gott, der uns erschaffen und erlöst hat, dasjenige geben, was wir ihm schuldig sind.

Wenn die Kirche zur Zeit der Vormoderne das Wort »Religionen« verwendete, so war damit dasjenige gemeint, was wir heute als »Spiritualitäten« oder »Charismen« umschreiben würden. Insbesondere bezeichnete das Wort die verschiedenen kirchlichen Orden – Franziskaner, Dominikaner usw. So wurde lediglich die Universalität der einzigen Religion betont, insofern so die Verschiedenheit der Wege anerkannt wird, wie der Mensch die Religion – jeweils der eigenen Berufung gemäß – leben soll.

Tatsächlich hätte man damals die Idee von verschiedenen Religionen, die gleichberechtigt neben dem Christentum existieren und mit ihm konkurrieren, bestenfalls als merkwürdig und schlimmstenfalls als völlig unverständlich empfunden. Die Vormoderne kannte keine »Pluralität konkurrierender Religionen«, sondern nur das, was schlechthin »der Glaube« genannt wurde. Die Glaubenstradition erlebte in ihrem Bereich das Aufkommen von Häresien; außerhalb ihrer befanden sich polytheistisches Heidentum und monotheistische Verformungen des Glaubens an den wahren Gott. Der Glaube wurde – zutreffend – als fester Bezugspunkt betrachtet; jedwede Theorie und Praxis steht zu ihm entweder im Verhältnis der Übereinstimmung oder der Abweichung.

Die Religion selbst ist also mit diesem Fixpunkt identisch. Es geht hier nicht um ein allgemeines psychologisches oder soziales Phänomen, das beliebig, folgenlos und ohne Schaden, auswechselbar ist. Die Religion ist auf den Glauben hingeordnet, d.h. auf die Wahrheit, auf Christus hin. Sie ist Teil des Allgemein-Menschlichen, sie hat – wie alles im Menschenleben – zu Jesus Christus zu führen; damit ist sie willkürlicher Disposition entzogen. Weiter unten wird gezeigt werden, daß der Mensch nicht umhin kann, sein Leben auf eine höhere Macht auszurichten – es kommt aber darauf an, ob diese höhere Macht der wahre, lebendige Gott oder ein Götze ist.

Wie ist es nun möglich, sich einem Götzen zuzuwenden? Gott der Herr hat den Menschen erschaffen, erhält ihn, wurde sogar für ihn mißhandelt, ist schließlich sogar für ihn gestorben. Jeder ist dazu aufgerufen, sein kleines Leben auf ihn auszurichten; letzteres sollte eine unhinterfragte Selbstverständlichkeit sein. Aber man erinnere sich: Das alte Israel wurde von Gott buchstäblich aus der Sklaverei befreit, dennoch verehrte es unmittelbar danach das Goldene Kalb. Auch dann, wenn der Mensch zweifellos sicher weiß, was Gott für ihn getan hat (und tut), läßt er sich leicht zum Abfall verleiten.

Ignoriert der Mensch Gott oder wendet er sich von ihm ab, so ist dies nicht nur ein Mangel an Dankbarkeit, sondern auch an Gerechtigkeit: Gott wird so etwas vorenthalten, worauf er ein Anrecht hat. Selbstverständlich kann ein Mensch Gott weder etwas geben, was ihm fehlen würde, noch etwas, was Gott wirklich gerecht würde. Es geht darum, daß der Mensch Gott dasjenige gibt, was in seiner Verfügungsgewalt steht – Gott nimmt dies in seiner unendlichen Güte an und wird dadurch verherrlicht. Unter Religion verstand man durch alle Geschichtsperioden hin die Übung der Gerechtigkeit gegenüber demjenigen, der die Gerechtigkeit selbst ist.

❧

Die katholische Kirche singt im bekannten Heilig-Geist-Hymnus *Veni Creator Spiritus*:

Komm Heilger Geist, der alles schafft,
Komm such uns heim mit deiner Kraft,
Erfülle, süßer Seelengast,
das Herz, das du erschaffen hast.
Der du der Tröster wirst genannt,
Und ein Geschenk aus Gottes Hand,
Ein Lebensquell, und Lieb, und Glut
Der Seele Salbung, höchstes Gut.
(...)
Die Sinne laß erleuchtet sein,
Den Herzen gieß die Liebe ein,
Verleih dem schwachen Körper Kraft
Daß er im Guten nie erschlafft.

Ohne Karl Marx zuviel Ehre zu erweisen, kann man feststellen, daß seine Bemerkung, der Glaube an Gott sei wie eine Salbung, eine Labsal und Heilung für die Wunden, die dem Mensch in diesem Tränental an Seele und Leib zugefügt werden, zutrifft: Auch der gerade angeführte Heilig-Geist-Hymnus spricht genau dies aus. Es ist auffallend, und auch in gewissem Sinne erfreulich, daß einer der einfußreichsten Materialisten der Geschichte dies auf seine Weise erkannt hat. Die Art freilich, wie Marx auf diese Erkenntnis reagiert, nämlich mit der Forderung nach der Vernichtung des Glaubens, zeigt, wie inhuman der Materialismus in Wirklichkeit ist, mag er sich auch zuweilen die Selbstbezeichnung »Humanismus« beilegen.

Nicht nur Marx, sondern die meisten Menschen der Moderne übersehen auch, daß der Glaube an Jesus Christus unermeßlich viel mehr bedeutet als eine Art seelischer Labsal, mehr auch als lediglich einer der vielen Aspekte des Lebens, den man säuberlich von anderen trennen kann. Man spricht von Religion, als wäre diese ein Hobby, oder, nimmt man sie irgendwie ernst, eine persönliche Marotte: etwas, in das jemand Zeit investiert, das für ihn bedeutend und sinnstiftend ist, etwas, das für ihn nur ein einzelner, mehr oder weniger schrullig-verschrobener Teil seines Lebens ist, der im übrigen für ihn und das Leben anderer keinerlei Bedeutung hat. Wenn Religion einen glücklich macht, wie z. B. der Sieg der Lieblingsmannschaft im Fußball, der Kauf einer guten Zigarre oder irgendein oberflächliches »Verliebtsein«, dann ist das ja schön und gut. Wenn ein Mensch aber in der Religion einen Anspruch auf sein Leben als Ganzes sieht – d.h. auch auf sein Leben und seine Lebensentscheidungen außerhalb des Kirchengebäudes –, dann liegt bei ihm möglicherweise ein psychischer Defekt vor. Beschränkt sich der so wahrgenommene Anspruch aber nicht lediglich auf das eigene Leben eines solchen Menschen, dann meint sein persönliches Umfeld, man habe es mit einem möglicherweise gemeingefährlichen Individuum zu tun.

All dies träfe unter der Voraussetzung zu, daß Religion ein rein soziologisches Phänomen wäre; es träfe auch dann zu, wenn es mehrere Religionen gäbe, von denen man sich eine aussuchen könnte, die dann jeweils eigene Vor- und Nachteile für den Einzelnen hätte, wobei immer darauf zu achten wäre, daß sie innerhalb der ihr von der säkularen Gesellschaft eingeräumten Nische verbliebe. Wenn aber Religion eine Tugend ist – eine bleibende Seelenverfassung (Habitus), kraft derer der Mensch sich Gott gegenüber dankbar und großmütig zeigt –, dann treffen die soeben genannten Voraussetzungen eben nicht zu. Sie treffen nicht zu, wenn Gott wirklich existiert und dasjenige für uns tut, was wir behaupten.

Ihn in eine Ecke abzuschieben, die als »Religion« – im modernen Sinne – bezeichnet wird, ist ein grobes Unrecht. Seine Anwesenheit als tröstlich zu bezeichnen ist richtig und gut, es aber dabei zu belassen, wird dem eigentlichen Zweck dieses Trostes nicht gerecht, denn er besteht darin, uns Gott näher zu bringen, ja sogar uns ihm zu verähnlichen.

❧

Als man Alexander Solschenizyn darum bat, seine Einschätzung der eigentlichen Ursache der politischen und moralischen Misere Sowjetrußlands zu erläutern, erinnerte er sich eines kleinen Satzes von großer Tragweite, den er als Kind von älteren Leuten gehört hatte: »Die Menschen haben Gott vergessen, daher kommt dies alles.«[3]

Diese Einsicht ist sowohl bestechend einfach als auch erschreckend folgerichtig. So verhält es sich aber immer mit den Dingen Gottes: Aus dem einfachen Satz »Es werde Licht« ging eine unermeßlich faszinierende und unendlich wichtige Realität hervor.

Gott zu »vergessen« heißt also nicht nur, einen Gedächtnisverlust zu erleiden. Es bedeutet, die grundsätzlichen Pflichten der Gerechtigkeit zu mißachten, die Teil unserer Menschennatur sind. Und es bedeutet, sich selbst – und damit letztlich auch die eigene Gemeinschaft und das eigene Volk –

3 Solschenizyn, Alexander: *»Die Menschen vergaßen Gott, daher kommt alles«. Über die Ursachen des Hasses und der drohenden Apokalypse,* aus: Die Welt vom 4.6.1983.

von der Wirklichkeit zu trennen. Solschenizyn formulierte es wie folgt:

> Die Gesetze der Physik und Physiologie werden uns nie zweifelsfrei enthüllen, daß der Schöpfer ständig und täglich am Leben eines jeden von uns teilhat, daß er uns stets Daseinskraft zuführt. Wenn uns diese Hilfe verläßt, sterben wir. Und mit nicht geringerer Anteilnahme wirkt Er auf das Leben des ganzen Planeten ein. Dies alles muß man in unserer dunklen, schrecklichen Zeit spüren.[4]

Wenn die Zeitsituation im Jahre 1983 »dunkel und schrecklich« war, was soll man dann erst vom dritten Jahrzehnt des 21. Jahrhunderts sagen? Den sowjetischen Dissidenten würde unsere heutige Situation kaum verwundern. Er beschrieb den Säkularismus als »inneren Wurmfraß«, der für den Glauben fast noch gefährlicher sei als ein »von außen gelegte[r] Brand«.[5] Schonungslos fährt er fort:

> Nach diesem erdrutschähnlichen Zurückweichen im Laufe einer einzigen Generation gleitet der Westen nun unwiderruflich in den Abgrund. Die westlichen Gesellschaften verlieren immer mehr ihren religiösen Gehalt und überlassen ihre Jugend sorglos dem Atheismus.[6]

Und auch wenn wir keine *erklärten* Atheisten produzieren, dann doch nur allzu oft *praktische* Atheisten. Mit anderen

---

4 Ebd.
5 Ebd.
6 Ebd.

Worten: Wir haben mehrere Generationen zur Haltung erzogen, »Religion« sei eine »Privatangelegenheit«, aus der sich über die Privatsphäre hinaus keinerlei relevante Pflichten oder Konsequenzen ergeben.

Die Religion aber ist eine Pflicht, ob es uns gefällt oder nicht. Unabhängig davon, was wir möglicherweise denken, hat Gott uns geschaffen und erlöst. Er hat uns dabei nicht nach unserer Meinung gefragt. Wir haben uns nicht selbst ins Dasein gerufen oder um das Kreuzesopfer auf dem Kalvarienberg ersucht. Dies alles war sein Werk – und so wurde es beim Anbeginn der Zeit angeordnet.

Die Idee einer nicht selbstgewählten Pflicht ist für den modernen Menschen nur sehr schwer nachvollziehbar. Die Art und Weise, wie man seine Welt und Mitmenschen sieht, beruht zu einem großen Teil auf der Logik des Vertrages: Es sind diejenigen Verpflichtungen zu erfüllen, die man selbst eingegangen ist, und so besitzen nur diejenigen Verpflichtungen, denen man zugestimmt hat, moralische Verbindlichkeit. Für gewöhnlich tritt diese Haltung in der Verneinung von Verpflichtungen gegenüber den Armen und Schwachen zutage – vor allem gegenüber den ungeborenen Kindern –, es sei denn, man habe solche Verpflichtungen selbst akzeptiert.

Eine solche Haltung aber zerstört ein Verständnis dafür, was der Mensch dem Größten und Mächtigsten schuldig ist. Er schuldet Jesus Christus die Tugend der Religion, und zwar nicht, weil der Mensch sich für ihn entscheidet, sondern weil Jesus Christus den Menschen dazu bestimmt hat. Auch wenn der Mensch Christus zurückweist, sei es ausdrücklich oder stillschweigend – nämlich durch seine Verbannung in einen isolierten Teilbereich des Lebens –, wird diese

Schuldigkeit nicht etwa aufgehoben, sondern der Mensch kommt ihr schlicht nicht nach. In diesem Sinne schloss auch Solschenizyn vor fast vierzig Jahren seine Bemerkungen: »Unsere fünf Kontinente sind von einem Wirbelsturm erfaßt. Doch gerade bei solchen Heimsuchungen zeigen sich die größten Fähigkeiten der menschlichen Seele. Sollten wir untergehen und diese Welt verlieren – dann wäre es unsere eigene Schuld.«[7]

Es ist hervorzuheben, daß die Idee von einer nicht selbstgewählten religiösen Pflicht keineswegs nur im Christentum oder den abrahamitischen Überlieferungen vorkommt. Wurzeln dieses Verständnisses von Religion trifft man schon im heidnischen Griechenland oder im heidnischen Rom an. Religion, verstanden als Gerechtigkeitspflicht gegenüber der Wahrheit, muß sich zunächst überhaupt nicht auf das Übernatürliche beziehen. Der Begriff der natürlichen Religion ist das philosophische Fundament, dessen sich Christus und seine Kirche zur größeren Ehre Gottes bedient haben und weiterhin bedienen.

---

7 Ebd.

Kapitel 2: Natürliche Religion

Die vielleicht poetischste aller Einleitungen eines päpstlichen Dokumentes findet man in der Enzyklika *Fides et ratio* (*Glaube und Vernunft*) Papst Johannes Pauls II.:

> Glaube und Vernunft sind wie die beiden Flügel, mit denen sich der menschliche Geist zur Betrachtung der Wahrheit erhebt. Das Streben, die Wahrheit zu erkennen und letztlich ihn selbst zu erkennen, hat Gott dem Menschen ins Herz gesenkt, damit er dadurch, daß er Ihn erkennt und liebt, auch zur vollen Wahrheit über sich selbst gelangen könne.[8]

Dies schrieb der Heilige Vater vor fast zwei Jahrzehnten zur Entgegnung auf die vorherrschende Meinung, Glaube und Vernunft seien unvereinbar. Noch mehr Bedeutung erhielt *Fides et ratio* in den Jahren danach, denn das Verhältnis unserer Zivilisation zur Wahrheit hat sich weiterhin verschlechtert.

Um Wahrheit geht es in der Enzyklika eigentlich, und zwar im Hinblick auf die menschlichen Fähigkeiten zu glauben und zu denken. Gott hat uns diese Fähigkeiten nicht verliehen, um z. B. irrationale politische Hypothesen anzunehmen oder über immer raffiniertere Methoden nachzudenken, wie

---

8 Papst Johannes Paul II.: Enzyklika *Fides et ratio* an die Bischöfe der katholischen Kirche – über das Verhältnis von Glaube und Vernunft, 14. September 1998.

man zu Reichtum gelangt. Er hat uns diese Fähigkeiten – wie alle anderen – gegeben, um mit ihm in Beziehung zu treten. Im Falle von Vernunft und Glaube: um die Wahrheit über ihn zu ergründen. Es gibt nur einen Gott, und es gibt nur eine Wahrheit über ihn und den Kosmos, den er erschaffen hat. Daher ist es schlichtweg unmöglich, daß die richtige Anwendung der beiden menschlichen Fähigkeiten, zu glauben und zu denken, zu widersprüchlichen Ergebnissen führt. Die Krise von Glaube und Vernunft in unserer Kultur ist im Grunde eine Krise der Wahrheit – ein Aufgeben jedweder Hoffnung, daß der wirkliche Ursprung und Zweck menschlicher Existenz erkennbar ist.

Letzteres erscheint aber als inkonsistent, hat doch im sogenannten Westen nach der Aufklärung das Vertrauen auf die Kraft der menschlichen Vernunft eine stetige Steigerung erfahren.[9] So wird in der Gegenwart mitunter die Meinung vertreten, die Vernunft solle zur Konstruktion technischer Mittel, welche den Menschen über seine biologischen Grenzen »hinausführen«, eingesetzt werden, was nicht gerade auf eine »Verzweiflung an den menschlichen Geistesfähigkeiten« schließen läßt.

Während nun aber Fortschritte der Naturwissenschaft zu verzeichnen sind, ist ein ständiger Rückschritt der Fähigkeit zu beobachten, klare und sichere Aussagen über das Menschsein selbst zu treffen. Daß man überhaupt über Versuche zur Umwandlung der Menschennatur in etwas völlig neues und anderes nachdenkt, zeigt, wie defizitär mittlerweile die Sicht

---

9 Anm. d. Übers.: Dem Weiterwirken des Rationalismus weit über das 18. Jahrhundert hinaus hat das kirchliche Lehramt wiederholt Rechnung getragen, z. B. im Syllabus des sel. Papstes Pius' IX. (1.–14. der dort verurteilten Sätze).

auf die tiefsten Realitäten des Menschen geworden ist. Es wird nicht mehr akzeptiert, daß es auf diesem Gebiet etwas Unveränderliches gibt, bzw. daß man es als solches klar erkennen kann.

Die Verwurzelung in der Wahrheit, die schon vorchristliche Generationen besaßen, ist verlorengegangen. Daher ist der Begriff einer natürlichen Religion – d.h. von religiösen Pflichten, die auf Wahrheiten beruhen, die schon durch die bloße Vernunft erkennbar sind – jetzt auch vielen Christen unverständlich geworden. Dennoch ist dieser Begriff als Ausgangspunkt zum Verständnis der Tugend der Religion unerläßlich.

Eine der bekanntesten Wallfahrten der Welt ist der sogenannte Jakobsweg. Seit dem Mittelalter übt die Stadt Santiago de Compostela an der Atlantikküste im Nordwesten Spaniens, wo der Überlieferung nach die Gebeine des hl. Apostels Jakob ruhen, eine Anziehungskraft auf Christen aus. Die Wallfahrt kann von jedem beliebigen Ort aus angetreten werden, von Portugal, Spanien, den südfranzösischen Pyrenäen usw. Jede Route bietet eine eigene unverwechselbare Landschaft mit ihrem jeweiligen besonderen Reiz, alle aber haben dasselbe Symbol: eine bogenförmige Seemuschel, die Gasthäuser ausweist, in denen Gelegenheit zu Rast und Stärkung geboten wird.

Wiewohl der Jakobsweg in mannigfachen Formen unternommen werden und von vielen Orten aus begonnen werden kann, so kann er doch als eigentliche Wallfahrt nur ein einziges Ziel haben: die Kathedrale von Santiago de Compostela. Endet der Weg anderswo, mag man eine heitere Wanderung zurückgelegt oder eine interessante kulturelle Erfahrung gemacht haben, aber der Jakobsweg wäre nicht vollendet worden, bzw. man wäre von ihm abgeirrt.

Ebenso verhält es sich mit Vernunft und Glaube bei der Suche nach der Wahrheit. Selbst wenn man unterschiedliche Wege einschlägt, werden sie, wenn sie objektiv richtig sind, zum gleichen Ort führen. Kommt die Vernunft zu Antworten, die dem widersprechen, was durch den Glauben erkannt wird – insbesondere den Wahrheiten, die durch das Wort Gottes geoffenbart sind –, so steht fest, daß die Vernunft sich auf einem Irrweg befindet. Scheint sich aber zu ergeben, daß etwas, was man für eine Glaubenswahrheit gehalten hat, mit der Vernunft schlechthin unvereinbar ist, ist eine Rückbesinnung notwendig, um sicherzustellen, daß nicht etwa rein subjektive Gedanken oder Wunschvorstellungen irrtümlich als Glaubenswahrheit angesehen wurden.

Wenn Glaube und Vernunft sich auch nicht widersprechen können, so gibt es doch Wahrheiten, die mehr dem einen als dem anderen dieser beiden Gebiete zuzuordnen sind. So ist die Existenz eines einzigen, allmächtigen Gottes schon durch die bloße Vernunft erkennbar, wie es die Heiligen, z.B. der hl. Thomas von Aquin oder der hl. Anselm, immer wieder gezeigt haben.[10] Im Gegensatz dazu ist die nur auf sich gestellte

10 Anm. d. Übers.: Der sogenannte ontologische Gottesbeweis des hl. Anselm wird von fast allen scholastischen Philosophen für nicht tragfähig gehalten, da er einen unstatthaften Übergriff vom rein Gedanklichen auf die Ebene der Realität darstelle. Der sel. Duns Scotus läßt den Beweis des hl. Anselm zwar gelten, jedoch nur in stark abgewandelter Form.

menschliche Vernunft, ohne die Offenbarung durch Christus und die Hl. Schrift, unfähig, zur Kenntnis des Geheimnisses der Göttlichen Dreieinigkeit zu gelangen. Wenn aber einmal die Vernunft sich in der Herrlichkeit des Himmels befindet, wird sie auch die tiefsten Mysterien begreifen.[11]

Die Moderne war bestrebt, zwischen Vernunft- und Glaubensleben eine undurchdringliche Wand aufzurichten. Versteht man aber einmal, wie Glaube und Vernunft zusammenwirken, wird auch einsichtig, daß es viele religiöse Wahrheiten gibt, die jedem menschlichen Geist zugänglich sind.

Wenn wir von »der Wahrheit« sprechen, kann dies mitunter den Anschein haben, es handle sich um eine Abstraktion, in dem Sinne, es handle sich hier ausschließlich um einen Aspekt philosophischer Betrachtungen. Zwar leuchtet es unmittelbar ein, daß einige besondere Wahrheiten, wie beispielsweise diejenigen, die sich auf Wirklichkeit und Würde des menschlichen Lebens beziehen, von erheblicher Bedeutung für die Gestaltung des Lebens und den Aufbau der Ge-

11 Anm. d. Übers.: Vgl. dagegen z. B. Ott, Ludwig: *Grundriß der katholischen Dogmatik*, Freiburg 1965, S. 27: »Gottes Wesen ist auch für die Seligen des Himmels unbegreiflich. *De fide*« (!) »Auch die Seligen des Himmels besitzen keine adäquate oder komprehensive Erkenntnis des göttlichen Wesens. Gott ist für jeden geschaffenen Geist auch im Zustand der übernatürlichen Erhebung unbegreiflich (incomprehensibilis) (...) In der Väterzeit hat besonders der hl. Johannes Chrysostomus in seinen zwölf Homilien *De incomprehensibili* die Unbegreiflichkeit Gottes gegen die Eunomianer verteidigt. Der innere Grund für die Unbegreiflichkeit Gottes liegt in dem unendlichen Abstand zwischen dem unendlichen göttlichen Geist und dem endlichen geschaffenen Geist. Der endliche Geist kann die unendliche Wesenheit Gottes nur auf endliche Weise erkennen. Videt infinitum, sed non infinite. Vgl. S. th. I, 12, 7 ad 3.«

sellschaft sind. Kaum jedoch wird über die Verpflichtungen gegenüber der Wahrheit als solcher nachgedacht.

Eines der Probleme besteht darin, daß die Moderne dazu geführt hat, daß die Wahrheit in verschiedene Kategorien aufgespaltet wird. Einige von ihnen betreffen die Pflichten des öffentlichen Lebens, andere nur private, wieder andere uneigentliche Pflichten, alle aber in Abhängigkeit von Autoritäten, die ihnen Geltung verschaffen. In der neuen politischen und kulturellen Ordnung wird zum Beispiel von jedem erwartet, der neuen Wahrheit zuzustimmen, daß zwei Erwachsene in gegenseitigem Einvernehmen, gleich welchen Geschlechts, eine Ehe schließen können, einschließlich der unter Strafandrohung erzwungenen Gutheißung (z. B. durch Dienstleistungen für gleichgeschlechtliche Hochzeitsfeiern) derartiger Verbindungen.

Dagegen wird Wahrheiten, die als rein religiöse gelten, bestenfalls ein privater Verpflichtungscharakter zuerkannt. So mag ein säkularisierter Amerikaner einräumen, daß das katholische Verständnis von Liturgie und dem Tag des Herrn denjenigen, denen solche Dinge wichtig sind, die Pflicht auferlegt, am Sonntag der Messe beizuwohnen. Doch wäre er empört, würde man ihm sagen, diese Verbindlichkeit könne sich auch auf die Getauften erstrecken, die diese Lehre nicht akzeptieren.[12]

In einem solchen Kontext erscheint der überkommene Begriff der natürlichen Religion als fremdartig und unverständ-

12 Anm. d. Übers.: Der CIC von 1983 nimmt die Nichtkatholiken von dieser Verpflichtung tatsächlich aus, vgl. Can. 11. Anders der CIC von 1917. Beides – Verpflichtung oder Nichtverpflichtung aller Getauften durch rein kirchliche Gesetze – ist somit an sich möglich; die katholische Kirche hat selbstverständlich die Rechtshoheit über alle Getauften, da es nur ein einziges Taufsakrament gibt, kraft dessen der jeweilige Empfänger der Autorität der katholischen Kirche unterstellt wird.

lich. Die heutige Gesellschaft ist zur Ansicht gelangt, die einzigen Wahrheiten, aus denen sich Verpflichtungen für den Menschen ableiten lassen, seien strikt säkularer Art. Hieraus ergibt sich als Schlußfolgerung, jeder religiöse Anspruch, der sich auf Sinn und Ziel des Menschenlebens und die sich daraus ergebenden Verpflichtungen bezieht, sei ausschließlich subjektiver und relativer Art – und damit bloß im Privatbereich verbindlich. Der Vorstellung, daß zeitlose Wahrheiten über das menschliche und sogar göttliche Leben schon durch die Vernunft zu erkennen seien, und daß jeder sein Leben diesen Wahrheiten gemäß zu ordnen habe, steht ein moderner Mensch mit vollständiger Fassungslosigkeit gegenüber.

So ist zum Beispiel auch ohne Rückgriff auf die göttliche Offenbarung erkennbar, daß der Mensch und alles, was ihn umgibt, durch ein allmächtiges Wesen erschaffen worden ist. Auf welche präzise Weise eine solche Erkenntnis möglich ist, wird weiter unten behandelt; jedoch läßt sich grundsätzlich feststellen: Raum und Zeit können nur von jemandem, der außerhalb von Raum und Zeit steht, ins Dasein gerufen worden sein. Sämtliche Kenntnisse, die wir über das Universum besitzen, verdeutlichen, daß es weder schon immer existiert hat noch für immer existieren wird. Schon einige der alten Griechen wie Aristoteles, die außerhalb des Einflußbereichs der einzigen monotheistischen Religion ihrer Zeit, des Judentums, lebten, zogen eben diesen Schluß.[13]

---

13 Anm. d. Übers.: Zur Vermeidung von Mißverständnissen: Aristoteles war der Meinung, daß das All ewig sei. Im Gegensatz z. B. zum hl. Bonaventura vertrat der hl. Thomas von Aquin die Auffassung, daß die Frage, ob das All ewig sei oder nicht, auf philosophischer Ebene nicht lösbar sei und daß nur die Offenbarung darüber Aufschluß geben könne. Unabhängig von dieser Diskussion halten alle genannten Philosophen an der sicheren philosophischen Erkenntnis fest, daß das All nur er-

Der Mensch ist daher auch zur Erkenntnis fähig, daß er Gott alles schuldet. Die Existenz Gottes und seine erhabene Majestät sind keine Tatsachen, die vernachlässigt werden können. Ihn nicht dafür zu ehren und ihn nicht dafür anzubeten, daß er uns erschaffen hat, zeugt von Undankbarkeit wie jede Mißachtung eines großzügigen Geschenks. Die Akte, durch die der endliche Mensch diese göttliche Großmut anerkennt und sie auf eine wenngleich armselige Art erwidert, sind, menschlich gesprochen, Ausdruck der elementarsten Höflichkeit. In ihrer Gesamtheit machen sie im Verhältnis zu Gott das aus, was man Tugend der Religion nennt.

Die Gottesverehrung wird gegenwärtig als privater, innerlicher Akt betrachtet. Selbst wenn eine Gemeinde der Messe beiwohnt, Gott also gemeinschaftlich verehrt wird, meint man, es sei die Handlung der Einzelnen, welche der Liturgie erst ihren Wert verleihe. Das jedoch ist weder der Standpunkt der Kirche noch derjenige des rechtschaffenen Heiden früherer Zeiten. Sogar vor der Ankunft Christi hatten manche Philosophen die Wichtigkeit der Tugend der natürlichen Religion und deren Bedeutung für die Integrität der Seele des einzelnen Menschen sowie der Gesellschaft insgesamt erfaßt.

Wenn jetzt oft von den »jüdisch-christlichen Werten«[14]

---

schaffen sein kann, gleichgültig, ob von Ewigkeit her oder mit zeitlichem Beginn.

14 Anm. d. Übers.: Zu dieser Wendung vgl. 1 Thess 2,15. In seiner mit Approbation des Apostolischen Stuhls veröffentlichten Bibelübersetzung kommentiert P. Augustin Arndt SJ diese Stelle wie folgt: »Dadurch daß sie Christus, den Mittelpunkt ihres religiösen Lebens, verwarfen, haben sie aufgehört, das geliebte Volk Gottes zu sein. Da sie ferner verkannten, was die wahren Kinder Abrahams ausmacht,

der westlichen Welt die Rede ist, so ist darauf hinzuweisen, daß manche gewichtige philosophische Einsichten außerhalb ihrer entstanden sind und später »getauft« wurden. Denken wir zunächst an die »Großen Drei« der griechischen Antike, nämlich Sokrates, Platon und Aristoteles. Letzterer erhielt in der katholischen Tradition der Philosophie durch das Wirken des hl. Thomas von Aquin einen Ehrenplatz. In Fragen der natürlichen Religion und ihrer Beziehung zur Gesellschaft und der bürgerlichen Ordnung jedoch war der römische Politiker Cicero von entscheidendem Einfluß.

Während des größeren Teils der letzten beiden Jahrtausende war Ciceros Werk *De officiis* (*Von den Pflichten*) eines der bekanntesten und meistgelesenen Bücher der Welt. Es wurde von den Kirchenvätern und -lehrern gerühmt; es war eines der ersten drei Bücher, die aus Gutenbergs Druckerpresse hervorgingen, und vom Mittelalter bis weit ins 20. Jahrhundert hinein ein Standardwerk humanistischer Bildung. Ciceros Aussagen in *De Officiis* wirkten zur Zeit ihrer Niederschrift bahnbrechend und prägten für Jahrhunderte das ethische

---

verschlossen sie sich in törichten Partikularismus und meinten, außerhalb des Judenvolkes gebe es kein Heil, und hinderten, als Abbilder des höllischen Feindes im Paradiese, den Apostel, den Heiden das Evangelium zu predigen. Als Ganzes betrachtet, erwirbt das Volk so zu alten Feinden neue und eilt, sein Maß voll zu machen.« Nicht überflüssig erscheint in diesem Zusammenhang auch der Hinweis, daß die katholische Kirche jeden (!) rassistischen Partikularismus o.ä. – und daraus hervorgehendes Handeln – eindeutig als zutiefst sittenwidrig ablehnt, wie z. B. aus der kraftvollen Stellungnahme Papst Pius' XI. gegen den neopaganen National-Sozialismus hervorgeht: »Nur oberflächliche Geister können der Irrlehre verfallen, (...) Gott (...) in die blutmäßige Enge einer einzelnen Rasse einkerkern zu wollen. Die Bischöfe der Kirche Christi (...) müssen darüber wachen, daß solche verderblichen Irrtümer, denen noch verderblichere Praktiken auf dem Fuße zu folgen pflegen, innerhalb der Gläubigen nicht Boden fassen.« (Papst Pius XI.: *Mit brennender Sorge* vom 14. März 1937, zitiert nach: Rohrbasser, Anton: *Mensch und Gemeinschaft in christlicher Schau*, Freiburg/Schweiz 1945, S. 216)

Denken. Im Kontext der Gegenwart sind seine Gedanken den meisten kaum zugänglich, weil nicht mehr zwischen richtigem und vorteilhaftem Handeln unterschieden wird.

Obwohl Cicero der Schatz der göttlichen Offenbarung nicht zur Verfügung stand, vermochte er zu durchschauen, daß die Unterscheidung zwischen tugend- und ehrenhaftem Handeln einerseits und persönlichem Nutzen andererseits verfehlt ist. Er erkannte, daß der Mensch sich selbst schadet, wenn er die Tugend beiseite läßt – wenn er sich nämlich über die Normen der natürlichen Moral hinwegsetzt –, um etwas zu erreichen, das ihm als wichtiger erscheint. Dem Christen ist dies als die Versuchung bekannt, seinen Willen über den Willen Gottes zu stellen. Jedoch wiegt nichts, was man sich durch sittlich schlechte Mittel aneignet, mag es auch noch so wichtig scheinen, den Schaden auf, den dabei die Beziehung zu Gott nimmt.

Cicero erkannte, daß jeder Mensch Verpflichtungen hat, die auf den Grundprinzipien von Wahrheit und Gerechtigkeit beruhen; vor allem: anderen das zu geben, was ihnen zusteht. Das ist natürliche Religion in ihrer einfachsten Form. Wenn eine Gemeinschaft diese »religiösen« Pflichten versteht und erfüllt – durch ein Leben im Einklang mit der Wahrheit über die Menschennatur, durch Behandlung anderer, wie man selbst behandelt werden will, durch Anerkennung und Verehrung des Schöpfers –, dann wird die notwendige Einheit von Gutem und Vorteilhaftem bewahrt. Diese Einheit wiederum gewährleistet das Wohlbefinden des Einzelnen ebenso wie der Gemeinschaft als ganzer.

Wenn dagegen religiösen Pflichten nicht entsprochen wird, sei es aufgrund bewußter Vernachlässigung, sei es durch Verbreitung lügenhafter Thesen über Gott und den Menschen, zerbricht diese Einheit. So fängt man an, zwischen persönlichem Vorteil und echter Tugend einen Widerspruch zu sehen; infolgedessen verfolgt der Mensch seinen Eigennutz, ohne Berücksichtigung des wirklich Guten. Und dann fallen der Einzelne und die gesamte Gesellschaft der Auflösung anheim, weil das, was auf Zusammenwirken aller Elemente angelegt ist, stattdessen jetzt in einen Widerstreit dieser Elemente gerät.

Mit anderen Worten: Religion ist jene Tugend, durch die der Mensch die Pflichten anerkennt und erfüllt, die sich aus seiner Stellung in der Gesellschaftsordnung und im Kosmos ergeben. Dieser Friede ist gemeint, wenn zu Gott um Frieden auf Erden gebetet wird. Dieser Friede ist es auch, den die Engel bei der Geburt Christi verkündet haben: der Friede, den jeder Mensch genießt, der sich in die gottgewollte Harmonie der Schöpfung einfügt. Dieser Friede wird gestört, falls man die Tugend der Religion nicht übt, indem man z.B. untergeordnete Güter so behandelt, als wären sie die wichtigeren, materiellen Gewinn den religiösen Pflichten vorzieht, weltlichen Autoritäten gehorcht, deren Forderungen dem Gesetz Gottes widersprechen usw.

Schon vor Christus und ohne die göttliche Offenbarung erkannten die Menschen des Altertums, daß Annahme oder Zurückweisung von Wahrheiten nicht nur das individuelle Geistesleben fördert bzw. verunstaltet, sondern auch die Gesellschaft insgesamt. Diesen verständigen Heiden war bewußt, daß Religion, sogar die bloße Naturreligion in ihrer grundlegenden Form, gesellschaftliches Leben überhaupt erst möglich macht.

Mittlerweile ist aber die göttliche Offenbarung erfolgt, die zugleich Reichtum und Herausforderung bedeutet. Waren Aristoteles, Cicero und alle anderen antiken Denker noch entschuldigt, sich mit der Naturreligion zu begnügen, so verhält es sich jetzt anders.

Wenn auch den vorchristlichen Philosophen eine Gotteserkenntnis, wie sie nach der Menschwerdung Christi und seinem Erlösungsopfer möglich ist, verwehrt war, so ehrten sie Gott dennoch, indem sie ihre gottgegebene Vernunft zur Suche nach der Wahrheit einsetzten. Das Wort »Philosophie« selbst stammt aus dem Griechischen; es bedeutet »Liebe zur Weisheit« (*philia* = »Liebe«; *sophia* = »Weisheit«). Dabei wurde Weisheit ihrer selbst wegen erstrebt, nicht etwa wegen etwas anderem. Diesem Beispiel ist zu folgen: durch uneigennützige Hinordnung unserer Fähigkeiten auf die Liebe und Wahrheit Gottes.

Nach der ersten und vor der zweiten Ankunft Christi hat ein neuer Abschnitt der Heilsgeschichte begonnen, in dem die religiösen Pflichten mehr umfassen als das, was sich Aristoteles, Cicero und andere, die allein auf sich gestellt waren, erschließen konnten. Jetzt stehen die Worte und das Leben Christi zur Verfügung, ebenso die Tradition der katholischen Kirche und die Sakramente. Die in diesen übernatürlichen Wirklichkeiten enthaltenen Wahrheiten verpflichten uns nicht weniger als diejenigen, die der bloßen Vernunft zugänglich sind.

Der Mensch hat nicht nur im Sinne Ciceros die Stellung zu erkennen und anzuerkennen, die er innerhalb der Gesellschaft einnimmt, auch nicht lediglich die Rangordnung, die zwischen dem Menschen und einem nur vage umrissenen Schöpfergott besteht, sondern er muß diejenige Stellung anerkennen, die ihm innerhalb der Stufenleiter des Seins zukommt, die vom Mineral, Tier, Menschen und Engel bis zur göttlichen Dreifaltigkeit reicht, deren zweite Person Mensch geworden und auf Kalvaria gestorben ist. Die Tugend der Religion schließt für den Menschen die Verantwortung ein, die niedrigere Seinsordnung auf das eigene Wohl und die Ehre Gottes auszurichten. Wichtiger als dies ist es jedoch, Stolz und Egoismus abzulegen, so daß es dem Menschen möglich wird, während seines irdischen Lebens Werkzeug des Willens Gottes zu sein.

Daher bezeichnete Thomas von Aquin die Religion als die Tugend aller Tugenden. Indem der Mensch Gott die Ehre und Verherrlichung erweist, die ihm zusteht, fügt er sich harmonisch in den Schöpfungsplan ein. Der Seelenfriede, der die Folge ist, bildet den fruchtbaren Boden, in dem alle anderen Tugenden Wurzeln schlagen und gedeihen können.

Insbesondere wächst die Tugend der Religion – und mit ihr alle anderen – durch den Empfang der Sakramente, welche die übernatürliche Ordnung innerhalb der Welt sichtbar machen. Der Sakramentenempfang ist eine Anerkennung der göttlichen Transzendenz und Allmacht. In den Sakramenten wird das unverdiente Geschenk der göttlichen Gnade demütig angenommen. Der Christ bekennt hier in Wort und Tat seine vollständige Abhängigkeit von Gott ebenso wie seine Unzulänglichkeit und Schwäche angesichts der göttlichen Majestät und Güte. Auch hier zeigt sich die Begrenztheit der Naturreligion, denn es gibt nichts, was so wie die Sakramente die Vermittlung der Gnade Gottes garantiert. Einzig durch die Annahme des wahren Glaubens und ein entsprechendes Leben ist es möglich, Gott die Ehre zu erweisen, auf die er einen Anspruch hat, und sicher zur Teilhabe am göttlichen Leben zu gelangen.

Oben wurde angemerkt, daß die Tugend der Religion darin besteht, der Wahrheit zu entsprechen. Durch diese Tugend fügt sich der Mensch harmonisch in die soziale und kosmische Ordnung ein. Innerhalb der menschlichen Gesellschaft wird die Erfüllung einer Verpflichtung, die man jemandem schuldet, »Gerechtigkeit« genannt. Manche dieser Verpflichtungen ergeben sich aus einem Vertrag; andere indes beruhen auf der Menschenwürde als solcher, z. B. das Recht auf Leben, Nahrung und angemessenen Lohn. Letztere sind daher nicht frei gewählt.

Viele Aspekte der Gerechtigkeit in der Gesellschaftsordnung – insbesondere diejenigen, die durch Reflexion über die Menschennatur und den Schöpfergott erkennbar werden – stehen mit der natürlichen Religion in Zusammenhang. So ist beispielsweise der Gehorsam, den Kinder ihren Eltern schulden, ein Aspekt der natürlichen Religion und zugleich ein Beispiel für die Gerechtigkeit. Das Kind nimmt seinen rechtmäßigen Platz in der Gesellschaftsordnung ein, indem es sich den Eltern unterordnet, die seinetwegen Opfer gebracht haben und weiterhin Opfer bringen. Diese beiden Aspekte sind eng miteinander verbunden: Gerade dadurch, dass das Kind seine Gerechtigkeitspflicht gegenüber der Familie erfüllt, stellt es seine Seele in eine harmonische Ordnung und fügt sich selbst harmonisch in die soziale Ordnung ein.

Wenn das in der natürlichen Ordnung der Fall ist, dann mit Sicherheit ebenso in der himmlischen: religiöse Pflichten sind Gerechtigkeitspflichten. Wir schulden Gott unsere Liebe, unsere Zeit, unser Gebet, unsere Anbetung. Ihm dies nach allem, was er für uns getan hat – nämlich, und zwar wortwörtlich, *alles* –, zu versagen, wäre nicht nur Nachlässigkeit, sondern eine eigentliche Ungerechtigkeit.

Kapitel 3: Religion ist eine Sache der Gerechtigkeit

Wie putzt man sich richtig die Zähne?

Mindestens einmal pro Tag. Es ist eine Angewohnheit, eine Art »hygienischer Morgen- und Abendzeremonie«. Aber kaum jemand dürfte sich daran erinnern, wie oder warum er sich an eine bestimmte Form der Zahnpflege gewöhnt hat. Welche Zähne man zuerst und welche zuletzt reinigt, wie man die Tube mit Zahncreme hält und diese dann auf die Bürste aufträgt, wie oft man sich den Mund ausspült: Die meisten dürften diese Dinge täglich auf etwa dieselbe Art tun. Den Vorgang zu beschreiben wäre aber viel schwerer, als ihn auszuführen.

Ähnliches kann in Bezug auf die Art und Weise eintreten, wie man der hl. Messe beiwohnt. Man kniet oder steht in einem bestimmten Moment, verrichtet mündliche oder innere Gebete; es wird eine Predigt gehalten, man setzt sich. Man wohnt der Messe in dieser Weise gewohnheitsmäßig bei.

Zunächst ist es nicht falsch, daß die Art, der Messe beizuwohnen, zur Gewohnheit wird. Schließlich ist es genau das, was eine Tugend ausmacht: eine Gewohnheit, die auf das sittlich Gute ausrichtet. Gewohnheiten aber, die nicht durch ein echtes und wachsendes Verständnis ihrer Bedeutung und ihres Zweckes belebt werden, können innerlich schal werden. Man verhält sich in einer bestimmten Weise, so wie das Bein sich reflexmäßig bewegt, wenn der Arzt mit einem Hämmerchen daraufklopft. Das menschliche Gehirn steuert die Reaktion, noch bevor irgendeine Reflexion eintritt.

All dies wird erwähnt, weil jetzt verdeutlicht werden soll, daß der jeweilige Besuch der hl. Messe eine Sache der Gerechtigkeit ist, obwohl die meisten sich dessen kaum einmal bewußt geworden sind. Letzteres mag dadurch bedingt sein, daß man einfach reflexartig die Gewohnheiten beobachtet, die für den Meßbesuch vorgesehen sind. Man geht davon aus, daß dies – wie so manches, was mit den liturgischen Zeremonien in Verbindung steht – aus gutem Grunde von den kirchlichen Autoritäten eingeführt wurde, wenn diese Gründe auch jetzt nicht mehr allen bekannt sind.

Die Worte der Präfation – des Gebets des Priesters, das in der Messe unmittelbar dem Kanon (*Canon Missae*) vorangeht – sind bekannt. Der Priester spricht in ihrer Einleitung (deutsche Übersetzung): »Empor das Herz«. Die liturgische Antwort lautet: »Wir haben es beim Herrn.« Dann spricht der Priester einen Satz, in dem einer der Hauptaspekte der Tugend der Religion zum Ausdruck kommt: »Lasset uns danksagen dem Herrn unserem Gott.« Die Antwort lautet: »Das ist würdig und recht.« Der Priester bekräftigt diese Aussage, indem er fortfährt: »In Wahrheit ist es würdig und recht, billig und heilsam, dir immer und überall dankzusagen, heiliger Herr, allmächtiger Vater, ewiger Gott, durch Christus unseren Herrn.«

Dignum et justum est – »Das ist würdig und recht«. In der überlieferten Form der Messe werden diese Worte immer lateinisch gesprochen, in der neueren Form auch in der jeweiligen Volkssprache. Dieser liturgische Dialog ist einer der ältesten Teile der Messe, der mindestens bis auf das 3. Jahrhundert zurückgeht und in allen altüberlieferten Liturgien vorkommt. Ähnliche Dialoge trifft man auch in den

Riten an, die in den katholischen Ostkirchen seit alters her bestehen.

Daß hervorgehoben wird, der Christ schulde Gott die Tugend der Religion aus Gründen der Gerechtigkeit, ist demnach historisch betrachtet eine der ältesten und wichtigsten Aussagen der christlichen Liturgie. Was aber bedeutet dies genau?

❧

Man könnte leichthin sagen, der Begriff der Gerechtigkeit sei erst seit einiger Zeit politisch gefärbt. Das träfe aber nicht ganz zu. Tatsächlich wurde der Begriff der Gerechtigkeit *per definitionem* schon immer mit Politik in Zusammenhang gebracht, denn das Verständnis von Gerechtigkeit ist für die Gestaltung der Gesellschaft und die Formgebung staatlicher Autorität (Regierung) von erheblicher Bedeutung.

Zuweilen neigt man dazu, Gerechtigkeit mit unterschiedlichen politischen Richtungen in Zusammenhang zu bringen. So verbindet man die Kriminaljustiz eher mit der politischen »Rechten«, da diese Recht und Ordnung einzufordern pflegt. Soziale Gerechtigkeit wird als eine Domäne politisch linksstehender Kreise betrachtet, denn diese hat das – ursprünglich der katholischen Soziallehre entlehnte – Konzept der sozialen Gerechtigkeit auf vielerlei Anliegen ausgeweitet (die eher die Identitätspolitik[15] zum Ziel haben).

Dieses Lagerdenken hat sich im Hinblick auf das gängige

15 Anm. d. Übers.: Gemeint ist vom Verfasser offenbar die aufdringliche, beständige Thematisierung von »Minderheiten« o.ä. aufgrund linksideologischen politischen Kalküls.

Verständnis dessen, was Gerechtigkeit in Wirklichkeit bedeutet, als unvorteilhaft erwiesen. Dieser wesentliche Aspekt der menschlichen Gesellschaften – den der heilige Thomas von Aquin als die wichtigste der sittlichen Tugenden[16] hervorhebt[17] – ist zum politischen Spielball degeneriert, den verschiedene Parteien auf ihre Weise behandeln bzw. malträtieren.

In Wahrheit beziehen sich aber alle erdenklichen Arten der Gerechtigkeit, wie soziale Gerechtigkeit, Strafgerechtigkeit usw., auf das Grundverständnis der Gerechtigkeit, als der Tugend nämlich, die jedem das gibt, was ihm zusteht.[18] Auch wenn die Anhänger bestimmter politischer Richtungen ein ungenügendes Verständnis davon haben, um was es bei den Ansprüchen der Gerechtigkeit geht, so ist ihnen doch in einem gewissen Umfang deutlich, daß es Ziel der Gerechtigkeit ist, jedem Mann, jeder Frau und jedem Kind dasjenige zu geben, was ihnen zukommt, sei es Strafe oder Wohltat.

Häufig wird Gerechtigkeit mit dem Begriff der Schulden in Zusammenhang gebracht. Unsere Gemeinwesen haben Schulden zur Grundlage: Staatsschulden, Unternehmensschulden, Haushaltsschulden und persönliche Schulden. Deswegen stellt man sich Gerechtigkeit oftmals als Rückzahlung von Schulden vor. Geht es nicht um finanzielle Schulden im eigentlichen Sinne, dann um die Wiedergutmachung für ein begangenes Unrecht oder die Erfüllung ei-

16 Anm. d. Übers.: Man unterscheidet zwischen den drei göttlichen Tugenden Glaube, Hoffnung und Liebe, einerseits und den vier Kardinaltugenden Klugheit, Gerechtigkeit, Tapferkeit und Mäßigung andererseits.
17 Vgl. Aquin, Thomas von: Summa Theologiae, IIa-IIae, q. 58, a. 12.
18 Vgl. ebd., a. 1.

ner vertragsmäßigen Pflicht bzw. um die Vergütung einer erbrachten Leistung. Zwar gehört all dies zu den Aspekten der Gerechtigkeit – wobei die Begleichung einer Schuld zum Verständnis der Tugend der Religion besonders hervorzuheben ist –, indes ist Gerechtigkeit nicht darauf reduzierbar.

Manche Erfordernisse der Gerechtigkeit beruhen nicht auf vollzogenen Handlungen oder freigewählten Verbindlichkeiten, vielmehr sind sie schon gegeben, weil unsere Mitmenschen Träger der Menschennatur sind, oder weil wir zu ihnen in notwendigen, nicht freiwillig eingegangenen Beziehungen stehen. So hat dasjenige, was wir nach der stets von der Kirche vorgelegten Lehre den Armen aufgrund der Gerechtigkeit schulden, nichts mit der Rückzahlung von Finanzschulden zu tun, wohl aber mit dem, was den Armen aufgrund ihrer Menschenwürde zusteht. Ebenso beruhen die Pflichten eines Kindes, seinen Eltern Achtung und Gehorsam zu erweisen, nicht nur auf den Opfern, welche die Eltern für das Kind gebracht haben, sondern auf ihrer objektiven Stellung als Eltern des Kindes, wie sie durch die Gesellschafts- und Schöpfungsordnung festgelegt sind.

Einer der Gründe, weshalb der hl. Thomas von Aquin betont hat, daß die Gerechtigkeit die wichtigste der sittlichen Tugenden ist, besteht darin, daß sie notwendigerweise auf das Wohlergehen der Mitmenschen ausgerichtet ist, und zwar sowohl innerlich (durch die entsprechende Formung des eigenen Seelenlebens) als auch äußerlich (durch Anteilnahme am Wohlergehen anderer).[19] Die Gerechtigkeit ist also auf das Gemeinwohl hin orientiert, das Wohl der Gemeinschaft aber steht höher als jedes private.

Wie ich bereits in meinem Buch *The First Society*[20], in dem die Stellung der Ehe innerhalb der gesellschaftlichen und sakramentalen Ordnung behandelt wird, erläutert habe, ist das Gemeinwohl nach der Lehre der katholischen Kirche nicht irgendein »größtes Glück der größten Zahl«, bei dem das Wohl des Einzelnen mit Füßen getreten wird. Das Gemeinwohl schließt vielmehr das Privatwohl ein, ja vervollkommnet es: Jedermann kann an ihm teilhaben, ohne es selbst zu vermindern. Tatsächlich wird das Gemeinwohl vermehrt, je mehr Menschen daran teilhaben.

In der übernatürlichen Ordnung ist das Gemeinwohl, an dem jeder Mensch Anteil erhalten soll, die Erlösung. Die Freuden des Himmels werden nicht weniger, wenn immer mehr Seelen ihrer teilhaftig werden, anders als es z. B. bei einem Kuchen der Fall ist, der nach und nach aufgezehrt wird, oder bei einer Gesellschaftsfeier, die überlaufen ist. Die (akzidentellen) Freuden des Himmels erfahren vielmehr eine Steigerung, je mehr Seelen in den Himmel gelangen. Wenn die Menschen einander richtig behandeln, dann bringen sie sich auch gegenseitig ihrem letzten Ziel näher. Ist auch die Tugendübung gut, welche ein Wachstum persönlicher Vollkommenheit mit sich bringt, so ist jene, die anderen Gutes erweist, noch besser.

In der natürlichen Ordnung lässt sich das Gemeinwohl am besten als Friede umschreiben. Friede besteht keineswegs

---

19 Vgl. Aquin, Thomas von: *Summa Theologiae*, IIa-IIae, q. 58, a. 12.
20 Vgl. Hahn, Scott: *The First Society: The Sacrament of Matrimony and the Restoration of the Social Order*. Steubenville, OH 2018.

aufgrund der bloßen Abwesenheit von Konflikten, sondern, wie ohne weiteres einsichtig, aufgrund von Gerechtigkeit. So wie die Heiligkeit nicht vermindert, sondern vergrößert wird, je mehr Menschen sie eigen ist, ist es auch im Falle der Gerechtigkeit. Wirklicher Friede erheischt die Fähigkeit, Gefahren für die Gerechtigkeit zu erkennen: Bedrohungen seitens äußerer Feinde, welche die Gesellschaftsordnung umwälzen wollen; noch mehr aber solche von Übelwollenden, die im Inneren der Gesellschaft die Menschen zu Verfehlungen gegen Gott und den Nächsten treiben wollen. Ohne Wachsamkeit und Kampf kann es keinen Frieden geben.

Friede hängt auch von der Ordnung ab und geht aus ihr hervor. Unter »Ordnung« ist nicht notwendigerweise zu verstehen, was das Schlagwort »Recht und Ordnung« einfordert, also eine strikte Anwendung des Strafrechts. Es geht vielmehr um die Schöpfungsordnung, d.h. die hierarchische Seinsordnung, mit der Gott das gesamte Universum ausgestattet hat. Friede entsteht dann, wenn die Gesellschaft, das Familienleben und das Leben jedes Menschen gemäß der Ordnung Gottes gestaltet werden, d.h. wenn alle das tun, was Gott von ihnen zum konkreten Zeitpunkt in ihrem jeweiligen Stand verlangt. Darin besteht die Tugend der Gerechtigkeit: Jedem das Seine zukommen zu lassen, und zwar so, wie es ihm nach seiner Stellung in Gesellschafts- und Schöpfungsordnung als Ganzer zusteht.

❧

Gerechtigkeit kann es nur im Gefüge einer Gemeinschaft geben. Als einzige der sittlichen Tugenden hat die die Gerechtigkeit notwendigerweise die Beziehungen zu anderen Menschen zum Gegenstand. Wenn demnach die Gerechtigkeit u.a. diese Beziehungen in eher informeller Weise zu ordnen hat, so auch auf dem Gebiet der Gesetzgebung und Politik. Mehr dazu im nächsten Kapitel. Zunächst sollen die zwei Arten der Gerechtigkeit, die auf der Ebene der Naturordnung vorgesehen sind, beschrieben werden.

Wie Aristoteles unterscheidet der hl. Thomas von Aquin zwei Arten der Gerechtigkeit, nämlich die distributive und die kommutative. Ihre Grundlage haben sie in den unterschiedlichen Beziehungen innerhalb der Gemeinschaft, die von der Gerechtigkeit geordnet werden müssen, nämlich die Beziehung des Einzelnen zum Gesellschaftsganzen und die Beziehungen des Einzelnen zu anderen Einzelpersonen.[21]

Die distributive Gerechtigkeit beschreibt die gerechte Verteilung von Gemeinschaftsgütern. Hier ist zu beachten, daß das Wort »gerecht« nicht »gleich« bedeutet. Es bedeutet vielmehr, daß jede Person oder Familie dasjenige erhält, was ihr nach den jeweiligen Notwendigkeiten und Standesbedingungen zusteht. Zur Zeit des hl. Thomas benötigte ein Angehöriger des Adelsstandes mehr als ein einfacher Bauer, hatte ersterer doch zur Erfüllung seiner Standespflichten Sorge für seine Untergebenen zu tragen. Deswegen war es nicht ungerecht, daß er über größere äußere Güter verfügte.

Dennoch sind wesentlich strengere Maßstäbe zur Erfüllung der Anforderungen distributiver Gerechtigkeit anzusetzen, als sie jetzt gemeinhin wahrgenommen werden. Viele der größten Kirchenväter wie der hl. Johannes Chrysostomos,

21 Vgl. Aquin, Thomas von: *Summa Theologiae*, IIa-IIae, q. 61, a. 1.32.

der hl. Basilius und der hl. Ambrosius lehrten, es sei eine schwere Ungerechtigkeit, wenn jemand mehr hat, als er benötigt, während gleichzeitig andere kaum über das verfügen, was zu einem menschenwürdigen Leben ausreicht. Nach der beständigen Lehre der Kirche ist es ein Erfordernis der distributiven Gerechtigkeit, daß diejenigen, die im Überfluß leben, für die Lebensnotwendigkeiten derer zu sorgen haben, die zu wenig besitzen.

Dem verleiht der hl. Ambrosius ziemlich unverhohlen Ausdruck, wenn er feststellt, daß ein Reicher, der einem Armen etwas aus seinem Überfluß zukommen läßt, keineswegs bloße Nächstenliebe – über die strikte Pflicht hinaus – übt, sondern elementare Gerechtigkeit. Ebenso ist es dem hl. Basilius zufolge Diebstahl, wenn man einen Mantel, den man nicht benötigt, einem Armen vorenthält, der keinen Mantel besitzt, weil das, was zu einem angemessenen Leben notwendig ist, im eigentlichen Sinne die ganze Gemeinschaft angeht. Bekannt ist das Wort, alle irdischen Güter seien für das Wohlsein aller Menschen bestimmt. Privateigentum gehört selbstverständlich zu den wesentlichen Elementen, die für die Verteilung und Nutzung der Güter maßgeblich sind; indes gibt Eigentum nicht das Recht, gegen die Forderungen der Gerechtigkeit zu verstoßen.

Im Unterschied zum soeben Dargelegten beschreibt die kommutative Gerechtigkeit die angemessenen Beziehungen zwischen Einzelpersonen. Einfach ausgedrückt handelt es sich hier darum, daß der Austausch zwischen Personen im Gleichmaß zu geschehen hat. Deswegen ist es nicht nur unehrlich, sondern auch ungerecht, die Replik einer Luxusuhr zum gleichen Preis wie dem des Originals zu verkaufen, denn der Geldaustausch geschähe so nicht gemäß dem tatsächlichen Warenwert. Kommutative Gerechtigkeit beinhaltet außerdem die Notwendigkeit, geschehenes Unrecht auszugleichen. So kann unter Umständen eine Wiedergutmachung eingefordert werden, die über den bloßen Sachwert eines Diebstahls hinausgeht, Analoges gilt für Beleidigung oder Zufügung einer Gewalttat. Es ist ein Grundsatz der kommutativen Gerechtigkeit, daß in solchen Dingen das Strafmaß dem Verbrechen entsprechen muß.

Beide beschriebenen Arten der Gerechtigkeit zeigen, wie das Gemeinwohl auf innerweltlicher und materieller Ebene anzustreben und zu erhalten ist. Wie aber läßt sich die Gerechtigkeit auf das Transzendente und Geistliche anwenden? Insbesondere: Wie kann man Gott Gerechtigkeit widerfahren lassen?

Wenn die Tugend der Gerechtigkeit nicht auf zwischenmenschliche Beziehungen, sondern auf die zu Gott angewandt wird, wird sie zur Tugend der Religion. Man kann diese Art der Gerechtigkeit, zur Unterscheidung von der distributiven und kommutativen, »transzendente Gerechtigkeit« nennen. Aber das zugrundeliegende Prinzip ist das gleiche: Bei der Religion geht es darum, Gott das zu geben, was ihm zusteht. Der Katechismus der katholischen Kirche sagt dazu: »So drängt uns die Liebe, Gott das zu geben, was wir ihm als Geschöpfe rechtmäßig schulden. Die Tugend der Gottesverehrung (virtus religionis) macht uns zu dieser Handlung bereit.« (KKK 2095)

Hier tut sich aber eine Frage auf: Gott hat uns mehr gegeben, als wir ihm jemals zurückgeben können. Er hat uns nicht nur erschaffen, sondern erhält uns auch ununterbrochen im Dasein. Außerdem gehört er ja nicht der Schöpfungsordnung an, da diese überhaupt erst von ihm kommt. Wie können endliche Geschöpfe einem unendlichen Wesen jemals Gerechtigkeit widerfahren lassen?

Streng genommen ist dies unmöglich. Gott verliert nichts, wenn er den Menschen erschafft, im Dasein erhält und liebt, somit besteht keine Notwendigkeit, ihm irgendetwas zurückzuerstatten, was ihm etwa fehlen würde. Nach einer Bemerkung des hl. Thomas von Aquin erweisen wir Gott nicht seinetwegen Ehre, denn »er ist aus sich selbst voll derjenigen Herrlichkeit, der kein Geschöpf etwas hinzufügen kann«.[22] Es ist dem Menschen aber möglich, Gott als dasjenige Wesen zu behandeln, das er ist: Als das Wesen, das nicht nur mächtiger, schöner und vollkommener ist als das ganze Weltall, sondern Ursprung aller Macht, Schönheit und Vollkommenheit. Religion ist die Tugend, in welcher der begrenzte Mensch Gott Gerechtigkeit erweist, soweit es irgend möglich ist.

Die transzendente Gerechtigkeit läßt Gott demnach in analoger Weise Gerechtigkeit widerfahren: Der Mensch, der von Gott alles Gute erhält, gibt ihm das Beste, was er hat. Genau wie Gott der Menschheit Wohltaten erweist, die weder zähl- noch meßbar sind, schuldet diese ihm ungeteilte Anbetung, Ehrfurcht und Liebe. Dabei ist es, wie unten näher ausgeführt wird, von entscheidender Bedeutung, daß es hier keineswegs nur um das Verhältnis des Einzelmenschen zu Gott geht,

---

22 Aquin, Thomas von: *Summa Theologiae*, IIa-IIae, q. 81, a. 7.

sondern daß auch alle Familien, Gemeinwesen und Staaten Gott zu ehren haben (Ps 85,9).[23] So wie das Gemeinwohl dem Privatwohl übergeordnet ist, dieses aber einschließt, so ist die Religion als soziale Tugend der Privattugend übergeordnet, während sie aber z.T. auch auf letzterer beruht.

Die konkrete Grundlage bildet das erste Gebot: »Du sollst keine fremden Götter neben mir haben« (Ex 20,3). Durchaus nichts (und niemand) kann die Ehrenstelle einnehmen, die Gott allein zusteht: seien es Geld, Ansehen, Geschlechtskraft, Macht, politische oder wirtschaftliche Leitungsgestalten. Handelt man anders, wird nicht nur die Seele des Menschen zerrüttet, sondern auch die kosmische Ordnung umgestülpt, denn auf diese Weise wird Geschaffenes (auch wenn es einen Wert hat) über den ungeschaffenen Urgrund alles Guten gestellt. Anbetendes Verhalten, das in Ehrfurcht und Verehrung des Sterblichen gegenüber dem Unsterblichen besteht, ist einzig und allein Gott gegenüber statthaft:

> Der erste Akt der Tugend der Gottesverehrung ist die Anbetung. Gott anbeten heißt, ihn als Gott, als den Schöpfer und Retter, den Herrn und Meister von allem, was ist, als unendliche und barmherzige Liebe anzuerkennen. […] Gott anbeten heißt, wie Maria im Magnificat ihn zu loben, ihn zu preisen und sich selbst zu demütigen, indem man dankbar anerkennt, daß er Großes getan hat und daß sein Name heilig ist. (KKK 2096, 2097)[24]

---

23 Anm. d. Übers.: Vgl. Bischof Fernando Rifan: *Tradition und lebendiges Lehramt*, Bad Schmiedeberg 2022, S. 114 ff.
24 Vgl. Lukas 1,46–49.

Der Katechismus legt weiter dar, daß die Anerkennung der Tatsache, daß der Mensch sich in einem unendlichen zeitlichen, räumlichen und seinsmäßigen Abstand zu Gott befindet, nicht Sklaverei, sondern Freiheit bedeutet: »Die Anbetung des einzigen Gottes befreit den Menschen von der Selbstbezogenheit, von der Sklaverei der Sünde und der Vergötzung der Welt« (KKK 2097). Erkennt der Mensch realistisch das einzigartige Verhältnis an, in dem er zu Gott steht, so bringt er sich damit gleichzeitig in das richtige Verhältnis zu sich selbst sowie zur Gesamtschöpfung, und ist damit in der Lage, seine eigene Natur im vollen Umfang zu entfalten.

Dem genannten Verhältnis wird im Gebet und in Kulthandlungen Ausdruck gegeben: »Wir beten Gott an, indem wir den Geist in Lob- und Dankgebet, Fürbitte und Bitte zu Gott erheben« (KKK 2098). Die Tugend der Religion und Gerechtigkeit gegenüber Gott wird auch dadurch geübt, daß Gott in der Weise verehrt wird, die er selbst einfordert. Primär und hauptsächlich geht es hier um die Teilnahme am Meßopfer, die das Bekenntnis enthält, daß unsere Gottesverehrung nicht irgendeine gönnerhafte Anerkennung ist, die Gott bezeigt wird, die dann eine Gegenleistung Gottes zur Folge hat, sondern daß der Gott dargebrachte Kult »recht und billig« ist. In Verbindung damit steht der Empfang der heiligen Sakramente, durch den das gläubige Vertrauen auf Gottes Gnadenhilfe zum Ausdruck kommt; außerdem das Gebet, in dem der Mensch sich der Macht, Güte und Barmherzigkeit Gottes anheimstellt.[25]

25 Vgl. KKK 2101–2102 über Versprechen und Gelübde.

Religionsausübung ist also ein Akt der Ehrerbietung, aber auch ein Akt des Gehorsams. In der Religion wird klar, daß die Verpflichtung Gott gegenüber allen anderen vorausgeht; alles andere würde die Seinsordnung in ähnlicher Weise verkehren wie ein ungehorsames Kind. Ähnlich schuldet ein Kind zunächst seinen Eltern, erst dann seinen Lehrern oder Freunden Gehorsam. Dabei ist vorausgesetzt, daß die Eltern nichts unter Gehorsam verlangen, was mit übergeordneten Pflichten unvereinbar ist. Gott aber ist ein Vater, dessen Gebote niemals in die Irre führen.

Werden andere Prioritäten gesetzt – was praktisch der Verehrung von Götzen gleichkommt, denen mehr Verehrung erwiesen und bereitwilliger gehorcht wird als Gott –, so ist dies eine Sünde gegen die Religion und ein Gott zugefügtes Unrecht. »Es ist Götzendienst, wenn der Mensch anstelle Gottes etwas Geschaffenes ehrt und verehrt, ob es sich nun um Götter oder Dämonen [...] oder um Macht, Vergnügen, Rasse, Ahnen, Staat, Geld oder ähnliches handelt« (KKK 2113). Götzendienst behandelt den wahren Gott, als wäre er etwas geringeres, als er ist, und so wird die ihm geschuldete Verehrung und Dankbarkeit entzogen. Zudem bedeutet die Verneinung der Vollkommenheit und Oberherrschaft Gottes über die Schöpfung eine Realitätsverweigerung, deren Konsequenzen weit über den seelischen Individualbereich hinausgehen.

❧

Verstöße gegen die Gerechtigkeit untergraben die gottgesetzte Ordnung, die Voraussetzung für Friede und Gemeinwohl ist. Aus diesem Grunde obliegt es der Staatsgewalt, die

Gerechtigkeit zu wahren und einzufordern. Die Staatsgewalt hat auf der Ebene der Naturordnung für distributive Gerechtigkeit zu sorgen, entweder auf indirektem Wege (Gesetzgebung, die das Wirtschaftsleben ordnet) oder direkt (Erhebung von Steuern, Verteilung von Gütern, Diensten und Finanzmitteln). Durch ein Rechtssystem, welches das angemessene Verhalten der Bürger zueinander reguliert und entsprechende Verstöße durch Strafverhängung ahndet, hat die Staatsgewalt auch kommutative Gerechtigkeit zu gewährleisten.

Ungerechtigkeit dagegen zerrüttet die gesellschaftliche Ordnung, denn durch Ungerechtigkeit wird mit der Ordnung des Weltganzen gebrochen. Dies kann jedermann bestätigen, der z. B. einmal das Verhalten von unruhigen Kindern im Vorschulalter beobachtet hat: dem Durcheinander folgt sogleich ein noch größeres Durcheinander. Ähnlich verhält es sich in der gesellschaftlichen Ordnung, denn Ungerechtigkeit hat die Tendenz, sich auszubreiten. Man denke daran, wie das himmelschreiende Unrecht der Abtreibung sich auf die gesellschaftliche Sicht von Mutterschaft, Vaterschaft, Ehe und Geschlechtlichkeit auswirkt. Konkret schafft »legale Abtreibung« die Erwartungshaltung, daß behinderte Kinder, wie solche, bei denen Trisomie-21 festgestellt wurde, der Eliminierung anheimfallen. Die Folge ist (stets zunehmende) gesellschaftliche Brandmarkung behinderter Menschen.

Die Erhaltung von Gerechtigkeit und Ordnung, die die Grundlage für Frieden und das Gemeinwohl bilden, sind der fundamentale Zweck der Staatsgewalt. Das gewöhnliche Mittel, durch die der Staat diese Ordnung aufrechterhält, ist das Gesetz. Gesetze aber, die nicht durchgesetzt werden können, sind bedeutungslos. Folglich muß die Staatsgewalt in der Lage sein, gegen diejenigen vorzugehen, die das Gemeinwohl schädigen, indem sie die Gerechtigkeit verletzen.

Was aber gilt hinsichtlich der Gerechtigkeit auf der Ebene der übernatürlichen Ordnung, der Tugend der Religion? Die gängige Meinung geht dahin, daß die Staatsgewalt sich stets aus solchen Dingen heraushalten müsse, da die geistliche Sphäre außerhalb ihrer Kompetenz liege. Wenn aber Ungerechtigkeit gegenüber Gott der gesellschaftlichen Ordnung und dem Gemeinwohl genauso sicher schadet wie die zwischenmenschliche Ungerechtigkeit, liegt es nahe, diese Meinung in Frage zu stellen. Die nächsten beiden Kapitel sind einer eingehenderen Erörterung der wechselseitigen Zusammenhänge von Gerechtigkeit, Ordnung, Religion und Gesellschaft gewidmet.

Kapitel 4:
Individuelle und gemeinschaftliche Gerechtigkeit

Häresien bedeuten immer Reduktion der christlichen Offenbarungsfülle, niemals aber Bereicherung.

Ein Vergleich: Jemand hat ein Lieblingsrezept für Schokoladenkekse, bei dem die Zutaten genau aufeinander abgestimmt sind. Wenn nun der Glaube wie ein solcher Keks wäre, so würden Häresien diesem nie etwas hinzufügen, das dem Keks einen besseren Geschmack gibt, etwa Walnüsse oder Erdnussbutter. Immer würde dem Wohlgeschmack Abbruch getan, z. B. durch Weglassen des Zuckers, der Butter oder des Salzes. Vielleicht würde sogar jemand mit unbeirrbarer Konsequenz nur eine einzige Zutat verwenden. Das Endprodukt könnte dann ansprechend aussehen, wäre aber vollständig ungenießbar.

Die »attraktivsten« Häresien greifen einen wichtigen Glaubensartikel heraus und überbetonen ihn – zulasten der übrigen Offenbarungslehre. (Um im Vergleich zu bleiben: Jemand schätzt den Vanillegeschmack, also fügt er – der »Vanille-Häretiker« – dem Backwerk einige Eßlöffel Vanille bei, läßt dafür aber den Zucker weg.) So verfährt auch der Individualismus, das gegenwärtig meistvertretene Gesellschaftsmodell. Dabei handelt es sich um eine häretische Verfremdung – Überbetonung – einer christlichen Lehre, nämlich derjenigen von der Würde des Einzelmenschen.

Die individualistische Häresie geht ideengeschichtlich direkt auf die christliche Weltsicht zurück, der zufolge jeder

Mensch nach dem Bilde Gottes geschaffen ist. Diese erfreuliche Wahrheit war eine echte Innovation, die auf vielerlei Weise die heutige westliche Welt geprägt hat. Die letzten Generationen aber sind zu einem Verständnis von »Individualismus« gelangt, in dem das Individuum einziger moralischer Bezugspunkt der Gesellschaft wird. Nur das Individuum, so heißt es, habe echte Rechte und Pflichten; Gemeinschaften seien keine eigenständige Realität, allenfalls als Ansammlung von Individuen.

So wird der wohlbemessene Individualismus des Christentums zu einem autonomen »Glaubensbekenntnis« übersteigert; gleichzeitig wird die tradierte apostolische Lehre über Gesellschaften und Gemeinwesen außer acht gelassen. Schon in alttestamentlicher Zeit findet man eine nachdrückliche Betonung der Wichtigkeit von Familie und Volk. Wie bereits in *Swear to God*[26] dargelegt, stützt sich der Bundesgedanke auf das grundsätzliche Verständnis des Bundes als Legitimation, eine Familie zu gründen. Dieses Verständnis von Bundesbeziehungen – nämlich ihr Gemeinschaftscharakter – ist für ein richtiges Verständnis der Sakramente und der Beziehung Gottes zu seinem Volk, der Kirche, von wesentlicher Bedeutung.

Die besonderen Werte und Pflichten, welche Gemeinschaften als solche besitzen, sind auch im Neuen Testament deutlich präsent. Bei der Schilderung der Scheidung der Böcke von den Schafen bedient sich Christus keiner individualistischen Sprache, die Rede ist vielmehr von Gemeinschaf-

26 Vgl. Hahn, Scott: *Swear to God: The Promise and Power of the Sacraments*, New York 2004.

ten: »Und es werden alle Völker vor ihm versammelt werden, und er wird sie voneinander scheiden, wie der Hirt die Schafe scheidet von den Böcken« (Mt 25,32) Wie der Einzelmensch selbstverständlich nach seinen persönlichem Leben gerichtet wird, so auch die Völker danach, in welchem Maße sie den Willensabsichten Gottes entsprochen haben.

Hier ist auch an die besondere Bedeutung des Missionsbefehls Christi an die Apostel zu denken: »Gehet also hin, und lehret alle Völker, und taufet sie im Namen des Vaters, und des Sohnes, und des Heiligen Geistes; und lehret sie alles halten, was ich euch geboten habe« (Mt 28,19f). Die »Völker« sollen also getauft werden. Zwar bedeutet dies, daß die einzelnen Angehörigen eines Volkes das Taufsakrament empfangen müssen, zugleich obliegt aber auch den Völkern Gott gegenüber die korporative und soziale Pflicht, theoretisch und praktisch anzuerkennen, daß sie seiner Familie einverleibt sind.

❧

Moderne Vorstellungen vom Menschsein besagen, in der Realität existiere nur der Einzelmensch; alles andere sei reine Abstraktion. Durchschaue man erst die »Ideologien der Vergangenheit«, so werde ohne weiteres klar, daß Gemeinschaften und Gesellschaften weiter nichts sind als Ansammlungen von Individuen.

Was zunächst eine Unterart libertären Denkens zu sein scheint, gehört meistens auch zu den Voraussetzungen linksgerichteter politischer Bestrebungen. Hält ein Libertärer die »Gesellschaft« für die Ordnung, die sich aufgrund der Verfolgung von Eigeninteressen von selbst ergibt, so ist für die säkularistische Linke »Gesellschaft« eine Realität, die es von oben herab aufzuzwingen gilt, nämlich von Staates wegen, der seinerseits nicht die Gesellschaft repräsentiert, sondern eine von ihr getrennte Entität darstellt. Beide Richtungen stimmen im radikalen Individualismus überein; Meinungsverschiedenheit besteht nur darüber, auf welche Weise den chaotischen Volksmassen eine Ordnung auferlegt werden könne.

In dieser Sicht der Dinge sind festgefügte Gemeinschaften, die von Haus aus Rechte und Pflichten haben, eine inhumane Abstraktion sowie das Produkt gefährlicher Ideologien, die der evidenten Wirklichkeit entgegenstehen. In Wirklichkeit aber verhält es sich genau umgekehrt: Die Abstraktion besteht im modernen Individualismus; der überkommene Begriff gesellschaftlicher Ordnung drückt dasjenige aus, was offensichtliche, jedermann verständliche Realität ist, sofern individualistische Scheuklappen abgelegt werden.

Dies erhellt z. B. aus dem Familienleben. Wer jemals zu einer Familie gehört hat, weiß, daß zwar schlußendlich ihre einzelnen Mitglieder ihren jeweiligen Aufgaben gerecht werden müssen, viele Pflichten aber die Familie als ganze angehen. Wenn etwa ein kleines Kind gebadet werden muß, so fällt diese Aufgabe einem Einzelnen zu, und dennoch ist die Sorge für die Hygiene des Kleinkindes Aufgabe der ganzen Familie und nicht nur eines einzelnen Familienmitglieds. Es ist gleichgültig, ob die Mutter, der Vater, die Großmutter oder eines der älteren Geschwister das Kind pflegt, sofern es nur geschieht. Wer konkret die Aufgabe übernimmt, hängt von der komplizierten Dynamik des Familienlebens ab.

Man kann das soeben dargelegte Prinzip auch auf die das nachbarschaftliche Umfeld der Familie anwenden. Die

Aufgabenstellung von Sauberkeit und Wohnlichkeit einer Gegend ist nicht auf eine Verpflichtung Einzelner reduzierbar. Haus- und Geschäftseigentümer sind u.U. gehalten, einen Teil des Bürgersteigs zu fegen oder freizuschaufeln (im Falle alter oder kranker Menschen handelt es sich hier selbstverständlich um eine geteilte, allgemeine Pflicht), andere Aspekte geordneten nachbarschaftlichen Lebens können ihrer Natur nach nicht nur Einzelpersonen betreffen. Wenn z.B. öffentliche Grünflächen unbenutzbar werden oder lokale Festivitäten außer Gebrauch kommen, so liegt darin ein Versagen der ganzen Gemeinschaft, ihre Güter zu wahren.

Dabei ist es das Wichtigste, daß die Gerechtigkeit, die Voraussetzung des öffentlichen Friedens ist, eine Gemeinschaftspflicht und keineswegs nur dem Einzelmenschen aufgetragen ist. Es handelt sich hier um Güter der Gemeinschaft, was freilich vom individualistischen Standpunkt aus nicht nachvollzogen werden kann. Wird Gerechtigkeit systematisch hintangesetzt, so mögen bei einer juristischen Auseinandersetzung im Einzelfall Richter und Geschworene unmittelbare Ursache von Rechtsverfall sein, für die nichtsdestoweniger die gesamte politische Gemeinschaft verantwortlich ist. So sind Millionen und Abermillionen von Abtreibungen in den Vereinigten Staaten – seit Einführung des betreffenden »Gesetzes« – eine soziale Sünde. Hier liegt ein totales, in mancher Hinsicht präzedenzloses Versagen einer Gesellschaft im Hinblick auf elementarste Güter vor, nämlich der Schutz der Verletzlichsten – und der Fortbestand der Gesellschaft selbst. Wo keine Gerechtigkeit, da kein Friede.

Des weiteren führt übertriebener Individualismus zur völligen Unverständlichkeit des Subsidiaritätsprinzips, einer der Grundlagen der katholischen Soziallehre. Gelegentlich wird behauptet, Subsidiarität bestehe darin, daß soziale und politische Zielsetzungen auf der jeweils niedrigsten Ebene umzusetzen seien, nämlich derjenigen, die dem Einzelmenschen am nächsten und der Zentralautorität am fernsten ist. Dies trifft indes nur zum Teil zu. Subsidiarität *kann* unter bestimmten Bedingungen Dezentralisierung nahelegen, unter anderen ist jedoch die Einbeziehung höherer Autoritäten erforderlich, welche niedrigeren beispringen muß.

Subsidiarität bezweckt zuallererst Ordnung, weniger den Abbau von Föderalismus oder staatlich-gemeinschaftlicher Effizienz: Jede Gesellschaftsebene hat Verantwortung für die ihr eigenen Güter zu übernehmen. Im Sinne der Subsidiarität ist es selbstverständlich, daß der Staat sich nicht in Dinge einzumischen hat, deren Regelung der Familie zukommen (z.B. Speisepläne für die Abendmahlzeit oder den Zeitpunkt des Zubettgehens der Kinder). Ebenso vergeht sich aber die öffentliche Autorität gegen ihre Aufgabenstellung, wenn sie unter dem Vorwand, die Autonomie der Einzelpersonen und des Wirtschaftslebens zu respektieren, ihrer aufgrund der distributiven Gerechtigkeit bestehenden Verpflichtung, den Lebensunterhalt der Einzelnen und Familien zu gewährleisten, nicht nachkommt. Gerechtigkeit ist ein Gut der Gemeinschaft, sie bedarf daher zu ihrer Aufrechterhaltung der Gemeinschaft, wie auch zu ihrer zwangsweisen erfolgenden Durchsetzung eines Autoritätsträgers der Gemeinschaft.

Die Lehre der Kirche zu Politik und Gesellschaft besagt, daß den Gemeinschaften *als Gemeinschaften* ihre jeweils eigenen Güter zukommen und daß ihnen folglich die Umsetzung und Einforderung dieser Güter obliegt. Auch vor den Verheerungen, welche von den Diktaturen des 20. Jahrhunderts angerichtet wurden, war es den Päpsten und Heiligen bewußt, daß radikaler Individualismus nicht Freiheit, sondern Sklaverei zur Folge hat. Geht das Verständnis dafür verloren, daß es Güter der Gemeinschaft gibt, so ist ein Volk schutzlos der Bedrohung und, ärger noch, der reinen Willkür von Tyrannen preisgegeben. Die Leere, welche der Verlust der Gemeinschaftsgüter hinterläßt, wird durch den Götzen des totalitären Staates eingenommen, der alles außer seinen eigenen Ansprüchen als wertlos erachtet.

Die Folgen sind aber in Wirklichkeit noch schlimmer, denn wenn der Mensch keine Güter mehr kennt, die größer sind als er selbst und denen er seinen Willen zu unterwerfen hat, fällt er der Tyrannei seiner eigenen Begierden und damit der Tyrannei des Teufels anheim. Die Rückkehr zu Gott ist aus diesem Grunde ein Imperativ sowohl für jeden Einzelnen als auch für die Gemeinschaften.

Wenn die auf das Zeitliche abzielende Gerechtigkeit eine Gemeinschaftspflicht ist, dann mit Sicherheit auch diejenige, die das Überzeitlich-Himmlische zum Gegenstand hat. Gemeint ist hier nicht diejenige Gerechtigkeit, deren Sachwalterin ausschließlich die Kirche ist – die im Namen Gottes *ausgeübte* Gerechtigkeit –, sondern die Gott zu *erzeigende*

Gerechtigkeit. Die Tugend der Religion ist sowohl individueller als auch sozialer Natur, wie es mit unüberbietbarer Deutlichkeit der Katechismus zum Ausdruck bringt: »Die Pflicht, Gott aufrichtig zu verehren, betrifft sowohl den einzelnen Menschen als auch die Gesellschaft« (Nr. 2105).

Dies wird auch beständig und implizit im kirchlichen Alltag veranschaulicht. Jeder Stand der Kirche hat Gott in der ihm jeweils eigenen Art zu ehren, angefangen von den Einzelpersonen, Familien (Hauskirchen), Pfarren und Diözesen bis zur Universalkirche. Zu vergessen sind hier auch nicht diejenigen, die bereits als Heilige im Himmel sind, sowie die Chöre der Engel, die Gott in alle Ewigkeit lobpreisen.

Der Kult der Kirche hat notwendigerweise Gemeinschaftscharakter. So verbindet z. B. das Sonntagsgebot nicht zu privatem Gebet (so wichtig dieses auch ist), sondern zu öffentlichem, liturgischem Gebet. Die Christen scharen sich um den Opferaltar nicht als ein bloßes Konglomerat von Individuen, sondern als pfarrliche (oder andere) kirchliche Gemeinschaft, und bei eben diesem Anlaß wird in der dem *Canon Missae* vorausgehenden Präfation die auf Gerechtigkeit beruhende Verpflichtung der Gemeinschaft bekräftigt, ihr Herz in Dankbarkeit zu Gott zu erheben.

Auch auf andere Weise trägt die Kirche der Religion als Gemeinschaftspflicht Rechnung, z. B. wird dem gemeinsamen Gebet des Rosenkranzes im Familienkreise ein vollkommener Ablaß gewährt, da die Familie als Gemeinschaft auf ihr ewiges Ziel hingeordnet werden soll. Nach kirchlicher Überlieferung haben auch Nationen ebenso wie die Einzelmenschen einen eigenen Schutzengel, der über sie wacht und Fürsprache für sie einlegt. Und alle sind aufgerufen, sich selbst in einem ausdrücklichen Akt der Hingabe Gott zu übereignen und ihn insbesondere um das Wohlergehen der eigenen Familie, Pfarre und auch das eigene Land zu bitten. Erst im Jahre 2016 weihte z. B. der Präsident von Peru seine Familie und sein Land dem Heiligsten Herzen Jesu und dem Unbefleckten Herzen Mariä.

Die eben genannten Beispiele verdeutlichen, daß die Gott gegenüber bestehenden Gemeinschaftspflichten über die sichtbaren Grenzen der Kirche hinausgehen. Ähnlich wie die Pflicht zur Übung anderer Tugenden, z. B. Klugheit und Starkmut, nicht nur für Katholiken besteht, sondern sich aus der Menschennatur als solcher ergibt, so auch die Verpflichtung zu Gerechtigkeit gegenüber Gott, d.h. der Religion. Mit anderen Worten: Religion geht als Tugend alle an.

Dementsprechend hat z. B. die Pfarre nicht nur die Funktion eines Treffpunkts der lokalen Katholiken, sondern die des Lebenszentrums des ganzen Ortes. Die Pfarrkirche ist keineswegs irgendein »Kultort unter anderen«, sondern Quell der Gnade für die gesamte Gemeinschaft, und diese hat ihr gegenüber besondere Gerechtigkeitspflichten. Nach dem richtigen Verständnis von Religion ist sie eine Tugend für jedermann, daher für jedermann verbindlich, was bedeutet, daß die Kirche für alle bestimmt ist.

❧

Was hat nun die Pflicht der Religion mit Politik und Recht zu tun? Schon die bloße Frage dürfte bei den meisten modernen Politologen eine heftige allergische Reaktion hervorrufen: Moral, *insbesondere* aber Religion, gehöre in eine streng vom Bereich der Öffentlichkeit zu separierende Privatsphäre, während die Domäne der Politik notwendigerweise von derartigen problematischen Phänomenen freizuhalten sei.

Doch die Frage ist, worin denn überhaupt eine moralische Pflicht, speziell auch anderen gegenüber, besteht. Solche Pflichten können negativer Art (z.B. andere nicht zu töten oder zu betrügen) oder positiver Art sein (z.B. die Sorge für den Lebensunterhalt anderer Personen oder die Wiedergutmachung des Unrechts, das Menschen widerfahren ist). Über solche Fragen können in einem akademischen Seminar rein abstrakte Reflexionen angestellt werden. So waren auch die Pflichten der distributiven Gerechtigkeit gegenüber den Armen Gegenstand ausführlicher Erörterungen in päpstlichen Enzykliken und universitärer Diskussionen; sie werden es auch in Zukunft sein.

Derartige Analysen sind wichtig, aber letztlich reichen sie nicht aus. Alle Menschen leben in Gesellschaften unter einer irgendwie gearteten Autorität, sei diese nun moderner Nationalstaat, ein Despot oder ein Clan. Fragen, die moralische Pflichten betreffen, stehen zwangsläufig mit Autorität und Gesetz in Verbindung. Das Verbot, einen lästigen Nachbarn kurzerhand umzubringen, besteht zweifelsohne zu Recht; hat aber die Staatsgewalt die Pflicht, dieses Verbot durch Zwangsmaßnahmen durchzusetzen, indem sie entweder von solchem Tun abhält oder Zuwiderhandlungen durch Strafen ahndet?

Ohne diese Frage beantworten zu müssen, kann festgestellt werden: Ethik (Moralphilosophie; deshalb auch die Theologie) bezieht sich unausweichlich auch auf Gesetz und Politik. Auch der radikalste Anarchist nimmt seine Zuflucht zu einem (vermeintlichen) Moralprinzip, nämlich daß

Zwangsmaßnahmen einer Autorität zur Durchsetzung moralischer Normen am besten zu unterbleiben hätten. Solange Menschen in Gesellschaften leben werden, was immer der Fall sein wird, wird ein Nachdenken über die Moralität unabdingbar die Reflexion über das Gesetz beinhalten.

Im nächsten Kapitel wird erörtert, worin Moral und Gesetz schlußendlich übereinkommen. Im unmittelbar folgenden Abschnitt wird zunächst der umgekehrte Weg beschritten, nämlich der Frage nachgegangen, ob ein Gesetz zwangsläufig etwas mit Moral zu tun hat.

Eine altbekannte Anklage lautet, daß bestimmte Leute es wagen, sich des Gesetzes zur Oktroyierung ihrer Moralvorstellungen zu bedienen. Auffallenderweise scheint man sich solcher Tiraden nur dann zu befleißigen, wenn eine Gesetzesvorlage darauf abzielt, ein überkommenes Moralprinzip des Christentums gesetzlich abzusichern. Werden aber säkularistische Prinzipien per Gesetz aufgedrängt, so sei dies völlig normal und richtig.

Hier könnte der aufmerksame Säkularist einwenden: »Wenn jemand sich z. B. für das legale Recht auf Abtreibung oder der Verbreitung von Pornographie einsetzt, dann zielt er damit lediglich darauf ab, daß sich die Regierung nicht in den Bereich der privaten Freiheit einmengt. Es geht hier um moralisch neutrale Standpunkte; zudem wird niemand gezwungen, eine Abtreibung vornehmen zu lassen oder sich pornographischen Darbietungen auszusetzen; all dies kann jeder für sich selbst entscheiden!«

Natürlich ist niemand, der so etwas vorträgt, in Wirklichkeit davon überzeugt, daß die Möglichkeit, ein ungeborenes Kind hinzumorden oder freien Zugang zu jedwedem Schmutz zu haben, für die Gesellschaft als Ganze »moralische Neutralität« besitzt, denn wäre dies der wirkliche Standpunkt einer Gesellschaft, dann wäre es ihr auch völlig gleichgültig, wie auch immer man die Legalisierung oder Nichtlegalisierung von Abtreibung und Pornographie handhaben würde. Tatsächlich aber läßt sie sich diese Dinge im höchsten Maße angelegen sein, ist es doch vermeintlich mit der Gesellschaft besser – also auch moralisch besser – bestellt, wenn diese Freiheiten gewährt statt verweigert werden. Die betreffende, sich auf »Freiheit« oder »Autonomie« stützende These ist deshalb in gar keiner Weise »neutral«; vielmehr wird hier eindeutig und klar eine die Moral betreffende Position bezogen, nämlich daß es für die Gesellschaft besser sei, bestimmte Handlungen zuzulassen, als wenn diese Freiheit nicht gewährt würde.

Diese Feststellung würde sogleich von jedermann als offensichtlich zutreffend anerkannt, handelte es sich hier nicht um Dinge, die mit der Sexualität im Zusammenhang stehen; letzterer Umstand wirkt sich störend auf die richtige Bewertung der Sachverhalte aus. Handelt es sich beispielsweise um Verbot oder Erlaubnis des Besitzes von Waffen, so ist gemeinhin klar, daß die Auseinandersetzung sich auf die moralischen Werte von Freiheit, Sicherheit und Frieden, bezieht – und wie diese Werte in der Praxis auf die bestmögliche Weise garantiert werden können. Auch würde kaum jemand, der die Ansicht vertritt, Abtreibung sei »kein moralisches Problem«, im Hinblick auf eine Freiheit zur Verschmutzung von

Gewässern mit gefährlichen Chemikalien der Meinung sein, dergleichen sei ebenfalls »moralisch neutral«.

Richtigerweise kann man noch weiter gehen und darauf hinweisen, daß jegliches Gesetz oder jede Art von Regel irgendeinen Standpunkt über Richtiges und Falsches, Recht und Unrecht in unserer Gesellschaft einschließt. Dazu ein ganz banales Beispiel: Im Heimatstaat Brandons (Pennsylvania) gelten jetzt für Friseursalons klar abgegrenzte Vorgaben: »Pro Stuhl darf nur eine Haarschneidemaschine in Betrieb sein, dazu zwei Rasierer, von denen mindestens einer kein Einwegrasierer ist«.[27] In diesem Stil wird das Ganze noch fortgesetzt. Gleichzeitig hat man in Scotts Heimatstaat (Ohio) sämtliche Verordnungen für Friseursalons außer Kraft gesetzt. Also ist man in einem Staat der Meinung zugetan, die Friseursalons seien im gesellschaftlichen Interesse einem strikten Reglement zu unterwerfen, während in einem anderen aus demselben Grund den Friseuren mehr Freiheiten eingeräumt werden. In beiden Fällen wird jedoch, wenn auch in geringem Maße, eine moralische Stellungahme zu den relativen Werten der Freiheit, der Sicherheit und des Handwerks eines Friseurs erkennbar.

Legt man die Scheuklappen des Individualismus beiseite und wird sich dessen bewußt, daß die Familien, Gemeinschaften und Völker durch Eigenbestand, eigene Pflichten und jeweils von ihnen zu erstrebende Güter gekennzeichnet sind, begreift man, wie die Gesetze, Regeln und Gewohnheiten, unter und mit denen die Menschen leben, gleichermaßen einen moralischen Kern haben, wie auch von Einfluß auf das Denken über die Wahrheit, das Gute und die Gerechtigkeit sind.

27 Pa. Code § 3.54 (15–16).

Was also schätzt die heutige Gesellschaft? Welche Tugenden (und Laster) werden von ihren Gesetzen und Gewohnheiten belohnt, welche Laster (und Tugenden) bestraft? Welchen Rechten, Freiheiten und Privilegien widmen sich die Politiker mit ihren Parteien; von welchen verabschieden sie sich, wenn es ihnen opportun erscheint? Welche Bereiche, die das Menschliche (und Göttliche) betreffen, werden von der Politik als »unantastbar« betrachtet und deshalb in einen stets mehr isolierten Privatbereich abgedrängt?

Es bedarf keines besonderen politischen Scharfsinns, um zu erkennen, daß die Antworten auf diese Fragen im Bereich der gegenwärtigen westlichen Welt für jene, die fest im katholischen Glauben verwurzelt sind, kaum ermutigend sind. Freilich wird man weder genötigt, sich dem Druck einer korrupten Gesellschaft zu beugen, so wie auch eine moralisch integre Gesellschaft niemanden zwingt, sich dem Guten zuzuwenden. Wie aber die Dienerin Gottes Dorothy Day[28], die hier ein Wort ihres langjährigen Weggefährten Peter Maurin aufgriff, bemerkte, kann und muß alles versucht werden, »jene Art von Gesellschaft aufzubauen, in der es den Leuten leichter fällt, gut zu sein.«[29]

Jeder Aspekt des gemeinschaftlichen Lebens bestärkt die Menschen darin, entweder die eine oder die andere Rich-

---

28 Anm. d. Übers.: Dorothy Day (1897–1980) war eine US-amerikanische Sozialistin und später Vertreter eines »christlichen Anarchismus«. Sie gründete die Zeitung *The Catholic Worker*. Im Jahr 2000 bevollmächtigte Papst Johannes Paul II. das Erzbistum New York, das Seligsprechungsverfahren für Dorothy Day zu eröffnen.

29 Day, Dorothy: »On Pilgrimage«, in: *The Catholic Worker*, Dezember 1955.

tung einzuschlagen: entweder hin zur Gerechtigkeit oder zur Ungerechtigkeit, entweder zur Wahrheit oder zur Lüge, entweder zum Guten oder zum Bösen. Dieser Grundsatzentscheidung vermag niemand aus dem Wege zu gehen; es gibt hier kein »weder-noch«, keine Neutralität. Dem ist so, weil menschliche Gesetze und Gewohnheiten letztlich auf dem beruhen, was sie vor allem anderen schätzen, welchen Dingen allererste Priorität zuerkannt wird und welchen höchste gesellschaftliche Ehren vorbehalten sind. Kurzum: Die Gesellschaft beruht auf dem Grundpfeiler einer Form von kultischer Verehrung.

Kein Mensch auf Erden ist der Entscheidung enthoben, entweder Gott anzubeten oder etwas anderes. Welche Form dem Leben des Einzelnen oder der Gesellschaft gegeben wird, hängt von dieser Entscheidung ab.

Kapitel 5:
Der Einfluß von Religion auf die Gestaltung der Gesellschaft

Der Mensch richtet sich in seinem Leben immer auf ein Ziel aus, von dem er meint, es sei gut oder nützlich für ihn. Ist dieses Ziel Gott – die wirkliche Quelle des Guten und Wahren –, dann bewegt der Mensch sich in die richtige Richtung, auch wenn er sich gelegentlich falsch verhält. Aber wenn grundsätzliche Begriffsverwirrung eintritt, wenn völlig abwegige Ideen und Strömungen für wahr gehalten werden, wenn etwas anders als Gott zum Maßstab wird, seien es Personen oder Prinzipien, dann gerät alles unmittelbar in eine Schieflage.

Besonders deutlich wird dies bei Dingen, die mit der Gerechtigkeit zusammenhängen. Man kann anderen, Gott inbegriffen, nur geben, was man ihnen schuldig ist, wenn man weiß, was man wem schuldig ist. Wer theoretisch oder praktisch davon ausgeht, er sei primär Abgöttern wie dem Staat oder der Wirtschaft verpflichtet, dann wird er es für richtig und gerecht halten, entsprechend zu handeln, auch wenn er damit seine wirklichen Pflichten gegenüber Gott, seiner Familie usw. mißachtet.

Überzeugungen darüber, was wahr und gerecht ist, sind nicht auf eine bloße Ideenwelt beschränkt. Der Mensch handelt nach diesen Überzeugungen und beeinflußt damit auch andere, die sich diese Überzeugungen ebenfalls zueigen machen; in der Folge kommt es dann unter Umständen zur Ausbildung verschiedenster Hypothesen, Mythen und schließlich auch Religionen, und letztere geben einer Gesellschaft ihre Form, wie unten gezeigt werden wird.

Die Ideen, welche eine Gesellschaft am meisten prägen, sind nicht notwendig die, denen die Menschen ausdrücklich zustimmen, sondern diejenigen, die für selbstverständlich gehalten werden. Gemeint sind die Ideen, die unbewußte praktische Richtschnur des Lebens sind, weil sie niemals hinterfragt wurden, so wie ein Fisch keinerlei Reflexionen über das Wasser, in dem er schwimmt, anstellt.

Ein gutes Beispiel hierfür ist das Entstehen und Verschwinden religiöser Gewohnheiten. Es gab eine Zeit, in der es undenkbar war, jemanden an einem Sonntag um die Verrichtung einer nicht dringend notwendigen Arbeit zu bitten. Gegenwärtig aber erschiene die Motivation einer Arbeitsverweigerung an Sonntagen als nicht nachvollziehbar; es wird für eine bare Selbstverständlichkeit gehalten, daß Angestellte auch für eine Tätigkeit am Sonntag zur Verfügung stehen, insbesondere im Einzelhandel. Zwar fielen der liturgische und bürgerliche Kalender nie in eins, jetzt aber sticht das rastlose Wirtschaftsleben alles andere aus. Im Hinblick auf das, was gesellschaftliche Priorität besitzt, ist dies höchst aufschlußreich; jedenfalls sind es nicht die Pflichten gegenüber Gott.

Das Prinzip der »Selbstverständlichkeit« kommt am deutlichsten in Alltagsdingen wie der Arbeit, insbesondere auch des Ehe- und Familienlebens, zum Ausdruck. Wurden – um ein bezeichnendes Beispiel anzuführen – Forderungen nach einer »gleichgeschlechtlichen Ehe« ursprünglich als Extremposition einer vernachlässigenswerten Minderheit wahrgenommen, so gelten derartige Bestrebungen jetzt als »kulturpolitische Bewegung«. Wenngleich sich diese »Bewegung« durch brutale Machtmittel wie »Gesetze« oder sozialen Druck Geltung zu verschaffen wußte, so ist es dennoch unleugbare Tatsache, daß sie niemals so weit gediehen wäre, hätte man nicht zuvor die Leute entsprechend manipuliert.

Es steht fest, daß die in Amerika herrschende Mentalität (der »selbstverständliche« Konsens) in Bezug auf das, was eine Ehe ist, der genannten »Bewegung« nichts Wesentliches entgegenzusetzen hatte. Spätestens um das Jahr 2000 (wahrscheinlich aber schon etliche Jahre zuvor) galt es in der amerikanischen Öffentlichkeit als ausgemacht, daß der Hauptzweck einer Ehe in »Partnerschaft« und beiderseitigem Lustgewinn bestehe, nicht in der Zeugung von Kindern oder der Begründung einer Familie, geschweige in einem im Angesichte Gottes gegebenen Versprechen sakramentaler Art. Hätte man entsprechende Umfragen durchgeführt, so wäre ebendies deutlich geworden; indes hätte ein einfacher Blick auf Gewohnheiten und Gesetze, die sich auf die Ehe beziehen, völlig ausgereicht.

In den Jahren nach 1980 wurde landesweit die Ehescheidung unter Ausschluß des Schuldprinzips etabliert. Um die gleiche Zeit wurden Eheverträge, welche eine spätere Möglichkeit der Scheidung beinhalten, immer mehr gesellschaftsfähig. Zwar wurde die Idee, daß eine Ehe bis zum Tode eines der Ehegatten Bestand hat, noch von einer Minderheit aufrechterhalten, zumindest theoretisch – die Gesellschaft als solche aber gab sie auf. Fortan galt es als »selbstverständlich«, daß das Eheband noch weniger unantastbar sei als ein beliebiger Geschäftsvertrag, denn es könne von beiden Zeiten jederzeit aus gleich welchem Grunde gelöst werden.

Über die Einstellung unserer Gesellschaft zu Ehe und Kindern sagt dies mehr als genug. Eine Gesellschaft, die von der Bedeutung der Ehe für das Wohlbefinden der Kinder – oder überhaupt ihrer Ausrichtung auf Kinder – überzeugt ist, würde die Ehe niemals einer solchen Willkür aussetzen. Mit der Abschaffung der Gesetze, die gegen künstliche Empfängnisverhütung gerichtet waren (um 1965), breitete sich diese immer weiter aus. Nunmehr ist es »selbstverständlich«, daß Frauen von der Zeit des Beginns der Geschlechtsreife bis zu den Wechseljahren »die Pille« einnehmen. Für Ärzte ist nicht die Tatsache von Interesse, ob Mädchen und Frauen Methoden der Empfängnisverweigerung praktizieren, höchstens die Methode, welcher der Vorzug gegeben wird. Das zugrundeliegende Prinzip ist unverkennbar: Fruchtbarkeit hat strikter Kontrolle zu unterliegen; Kinder sind nur dann willkommen, wenn sie »eingeplant« sind.

Insgesamt vermögen die Prinzipien, die zum Zeitpunkt des ausgehenden 20. Jahrhunderts für die Lebensgebiete der Moral, der Gesetzgebung und der Gerechtigkeit handlungsleitend waren, ein klareres Bild unserer Gesellschaft zu zeichnen als irgendwelche Meinungsumfragen zur »gleichgeschlechtlichen Ehe«. Einige irgendwie gegenläufigen Initiativen, wie beispielswiese der sog. *Defense of Marriage Act*[30],

30 Anm. d. Übers.: Ein 1996 von Bill Clinton unterschriebenes Bundesgesetz der Vereinigten Staaten, nach dem die Ehe als rechtliche Verbindung zwischen Mann und Frau definiert wird und welches es den Bundesstaaten freistellt, in anderen Bundesstaaten geschlossene gleichgeschlechtliche Ehen anzuerkennen

erwiesen sich aufgrund ihrer Inkohärenz als wirkungslos. Die allgegenwärtige, mit höchstem Nachdruck vorgetragene Parole lautete: Ausschließliche Gegenstände der Ehe sind »Partnerschaft« und »Lebensglück«.

Die betreffenden Gesetze und Lebensgewohnheiten prägen zutiefst die Weltanschauung und -erfahrung der Massen, wobei zugleich ein entsprechender Rückkopplungseffekt eintritt. Auf diese Weise wird möglicherweise sogar jedweder Verständnishorizont von vornherein eingeschränkt. Dann erscheinen bestimmte Lebenshaltungen entweder als grundsätzlich »unmöglich« (z.B. der feste Entschluß, eine Ehe in Offenheit für Kinder zu führen) oder »unvermeidlich« (z.B. unmoralische Verhaltensweisen, wenn sie der sozialen und finanziellen Absicherung dienlich sind). Das, wovon die meisten Menschen überzeugt sind, besonders wem oder was Respekt gezollt wird, findet unweigerlich in der Realität des Lebens seine Ausgestaltung.

Zum besseren Verständnis der gesellschaftlichen Prägekraft der Religion sind die tieferen Wirklichkeiten der Schöpfung, nämlich die himmlische Hierarchie und die göttliche Ordnung, einzubeziehen. Die Erschaffung des Universums war nicht etwa ein Akt »göttlicher Willkür«. Vielmehr wurde es von Gott als ein Spiegel seines eigenen in vollkommener Ordnung ruhenden Wesens erschaffen, und zwar besonders als Gunsterweis an die Menschheit. Der Mensch, das einzige Wesen der Körperwelt, welches über einen freien Willen verfügt und sich dem göttlichen Willen angleichen oder diesem widerstreben kann, hat die Aufgabe, sich der Schöpfungsordnung bewußt einzufügen.

Wie in *Angels and Saints*[31] näher ausgeführt, besteht die himmlische Hierarchie aus neun Engelschören, die in beständiger Anbetung Gottes leben und dem göttlichen Willen bereitwilligst gehorchen. Gott ordnet selbst das gesamte Weltgeschehen durch seine Vorsehung; den Engeln jedoch fällt die Aufgabe zu, die Beschlüsse Gottes der Schöpfung zu vermitteln (das Wort Engel bedeutet »Bote«). Sie erhalten die Kräfte der materiellen Schöpfung – welche die Naturwissenschaftler zum bevorzugten Gegenstand ihrer Studien gemacht haben – in geordnetem Gleichgewicht und geben den Menschen Gedanken ein, die zur Vereinigung mit dem Willen Gottes einladen. Der Mensch tut gut daran, diesen Anregungen der Engel – z. B. einen unerwarteten innerlichen Anstoß zum Gebet – Folge zu leisten.

Der Mensch nimmt innerhalb der göttlichen Ordnung einen einzigartigen Platz ein. Einerseits ist er ein geistiges Wesen, hierin gleicht er dem Engel. Er kann Gott erkennen und sich für oder gegen Gott entscheiden. (Die Entscheidung der Engel geschah ein für allemal; die Engel, die sich gegen Gott stellten, wurden zu Dämonen; der Mensch hingegen ist fortwährend zur Entscheidung aufgerufen.) Andererseits gehört der Mensch als erdgebundenes, körperliches Geschöpf dem Bereich der niederen Lebewesen (Tierwelt) an. Somit nimmt der Mensch zugleich den höchsten Platz in der Ordnung der Körperwelt und den niedrigsten Platz in der geistigen Welt ein.

31 Vgl. Hahn, Scott: *Angels and Saints: A Biblical Guide to Friendship with God's Holy Ones*, New York 2014, S. 80.

Der Mensch ist mithin der Vorsehung Gottes untergeordnet und steht zugleich hinsichtlich ihrer in einer Vermittlungsfunktion gegenüber den niedrigeren Rängen der Schöpfung, indem er beispielsweise in der Landwirtschaft Tiere und Pflanzen ihrer Bestimmung, der Menschheit Nahrung zu bieten, möglichst effektiv zuführt. Durch seine Vernunft hat der Mensch also Anteil an der göttlichen Weltregierung. Er kann diese Stellung erfüllen, indem sich für Frieden und Gemeinwohl einsetzt, sich diesem Anspruch aber auch versagen und die menschliche Gesellschaft in Zwiespalt mit der Gottesordnung bringen, was Chaos und Zerrüttung zur Folge hat.

Die menschliche Ordnung von Gesellschaft und Politik entspricht ihrem Zweck am besten, wenn sie die göttliche Ordnung widerspiegelt, deren integraler Bestandteil sie ist. Voraussetzung dafür ist aber, daß die menschlichen Seelen samt ihren auf himmlische und irdische orientierte Eigenschaften und Strebungen ebenfalls richtig geordnet sind, wozu es der Tugend der Religion bedarf.

❧

Eine der Weisen, Gott Gerechtigkeit widerfahren zu lassen, besteht darin, die eigene Seele in Einklang mit der himmlischen Hierarchie zu bringen. Konkret heißt dies, Gott im Alltag in Gebet und Gottesdienst an die erste Stelle zu setzen, aber auch, daß das Gottähnliche im Menschen seine niedrigeren Kräfte im Zaum hält.

Die größte Ähnlichkeit zwischen Gott und dem Menschen besteht in der menschlichen Fähigkeit zu vernünftigem Denken. Letztere ermöglicht den reflexiven Nachvollzug der göttlichen Weltordnung und ihre Umsetzung im menschlichen Zuständigkeitsbereich, sowohl im Äußeren (z. B. Ackerbau) als auch im Inneren (z. B. menschliche Leidenschaften). Indem der Mensch seine Triebkräfte (Nahrungs-, Geschlechts-, Besitztrieb usw.) der Herrschaft der Vernunft unterwirft, bringt er sie in Gleichförmigkeit mit der Gottesherrschaft über die Engel und die übrige Schöpfung.

Gerät die Seele des Menschen in Unordnung, indem er seinen Leidenschaften die Zügel schießen läßt, bietet sie das Bild einer inneren Entsprechung zur äußeren Unordnung einer aus den Fugen geratenen Gesellschaft, die ihre Pflichten gegenüber Gott und dem nach Gottes Bild geschaffenen Mitmenschen zugunsten des Materialismus beiseite schiebt. Indes besteht hier eigentlich nicht nur eine Entsprechung, sondern ein Kausalitätsverhältnis: Ein Mensch, dessen Seele nicht in Konformität mit der himmlischen Ordnung steht, ist außerstande, die Gesellschaft nach dem Maßstab dieser Ordnung mitzugestalten. Infolgedessen befindet er sich mit der Natur, mit sich selbst und seinen Mitmenschen im Kriegszustand.

Hier mag es zum besseren Verständnis beitragen, nicht nur die allgemein-zwischenmenschlichen und gesellschaftlichen, sondern auch die primären, nämlich familiären Beziehungen des Menschen zu bedenken. Eltern, die Sklaven ihrer Leidenschaften sind, werden kaum ihre rechtmäßige Autorität über die Kinder in einer Art ausüben, die zugleich streng und gütig ist und so zu Disziplin und Freundlichkeit erzieht. Fehlt Kindern in ihren primären menschlichen Beziehungen das erlebte Beispiel gesunder und richtiger Ordnung, werden sie schwerlich die Wahrheit und innere Qualität der göttlichen Ordnung begreifen – und erst recht nicht diejenige der gesellschaftlichen Ordnung. Des weiteren werden in einer Familie, die sich nicht auf Gott ausrichtet, die individuellen Interessen und Vorlieben der Einzelpersonen die erste Stelle einnehmen. Solcherart erscheint der Begriff von einem Gemeingut, an dem alle teilhaben können, bald als widersinnig, wenn nicht unmöglich. Die Idee, jeder habe ausschließlich seine Eigeninteressen zu berücksichtigen, geht aus dem allgemeinen Relativismus ebenso hervor, wie sie ihn steigert, und so »legt jeder« – Männer, Frauen und Kinder – »für sich fest«, was wahr, gerecht oder ungerecht ist. Wird man Gott nicht durch Religion gerecht, so konstruiert man seine eigene Gerechtigkeit.

❧

»Denn so sehr hat Gott die Welt geliebt, daß er seinen eingeborenen Sohn hingab, damit jeder, der an ihn glaubt, nicht verloren gehe, sondern das ewige Leben habe.« Zwar ist dieser Vers der Hl. Schrift bekannt und berühmt, doch sei der genaue Fundort angegeben: Er stammt aus dem Evangelium nach Johannes, 3. Kapitel, 16. Vers. Hier kommen zum Ausdruck: Liebe, Barmherzigkeit, Opfer – und, nur wenig verhüllt, Gerechtigkeit.

Wäre die sündenbeladene Menschheit Gott keine Wiedergutmachung schuldig gewesen, hätte es keines Erlösers bedurft. In diesem Sinne singt die Kirche mit Blick auf die Sünde Adams in der Liturgie der Osternacht: »O glückliche Schuld, die einen Erlöser verdiente, so groß, so erhaben.«[32]

---

32 Anm. d. Über.: Bomm, Urbanus: *Lateinisch-Deutsches Volksmeßbuch*, Freiburg 1961, S. 434.

Was zunächst paradox erscheint, wird klar, wenn man bedenkt, daß Gerechtigkeit und Liebe keine Gegensätze, vielmehr zutiefst miteinander verbunden sind.

Das auf Golgotha dargebrachte Opfer, dessen Wert unendlich über das von der Gerechtigkeit her Erforderliche hinausging, hat seine Ursache in der reinen, sich selbst entäußernden Liebe Gottes zur Menschheit. Die beiden göttlichen Vollkommenheiten von Gerechtigkeit und Liebe sind in ihm in Wirklichkeit eins; auch beim Menschen müssen diese Tugenden, in möglichster Entsprechung zum göttlichen Urbild, in einem innigen Wechselverhältnis stehen. Das Kreuzesopfer, aus vollkommener Liebe geschehen, zeigt die unüberbrückbare Kluft, die aufgrund einer vom Menschen ganz und gar nicht leistbaren Wiedergutmachung bestanden hat; die menschliche Antwort auf dieses unfaßliche Geschehen, nämlich Liebe und Opfer, ist, wie bereits hervorgehoben, schlechthin Gerechtigkeit. Wenn der Mensch auch der Größe des Kreuzesopfers niemals wirklich gerecht werden kann, so wäre es dennoch ein Unrecht, täte er nicht mindestens das, was an ihm liegt. Das, was dann noch fehlt, wird Gott durch seine Gnade ergänzen und vervollkommnen.

Beim Menschen – wie auch bei Gott – beruht Gerechtigkeit auf Liebe. Man ist geneigt für das, was man am meisten liebt, Opfer zu bringen. Demjenigen, was man für das Höchste hält, erweist man in der Praxis »Gerechtigkeit«. So entsteht die Rangordnung von Werten und Institutionen einer Gesellschaft.

Als praktisches Beispiel diene jemand, der dem Laster der Unkeuschheit ergeben ist. Um seine Leidenschaften zu befriedigen, opfert er vielleicht sogar seine Familie und seinen

Arbeitsplatz. Es handelt sich hier um eine pervertierte Form des Opfers, da ein solcher Mensch ja nicht etwas Gutes etwas Besseren wegen, sondern wegen etwas Schlechtem auf. Freilich ist er selbst, da von ungehemmtem Luststreben beherrscht, anderer Meinung; nichts erscheint ihm besser oder wichtiger als seine Triebbefriedigung. Er ist davon überzeugt, daß er diese Leidenschaft zu seinem Glück benötige, folglich habe er dafür Opfer zu bringen. Natürlich ist das Gegenteil der Fall.

Ein weiteres Beispiel, weniger drastisch, dafür um so anschaulicher: Um an einer Tagung teilnehmen zu können, versäumt ein Geschäftsmann die Messe. Wenn auch sein Arbeitgeber nicht von ihm verlangt hat, an jeder einzelnen Tagungssitzung teilzunehmen, so scheut er doch den Eindruck, den sein Fernbleiben aus einem Grunde erregen könnte, den seine Kollegen unter Umständen. nicht einsehen würden. So vermeint er, vor allem seiner Reputation und seiner Karriere verpflichtet zu sein, nicht aber Gott.

Aus solchen dem Anschein nach belanglosen Entscheidungen darüber, was eines Opfers wert ist oder was zu opfern man bereit ist, ergibt sich im Laufe der Zeit der Wertekanon einer Gesellschaft, sogar in institutionalisierter Form. Das Schundblatt *Playboy* hätte nie existiert, wenn Männer nicht bereit gewesen wären, ihre Zeit und ihr Geld – und oftmals sogar noch mehr – ihrer Lüsternheit zum Opfer zu bringen. Wucherzinsen hätten keinen Bestand, wäre man nicht gewillt, die Armen materieller Gier hinzuopfern. Manche sonntäglichen Sportveranstaltungen wären unbekannt, wenn der Tag des Herrn immer Priorität vor primitiver Sensations- und Vergnügungssucht hätte.

Opfer ist ein wesentlicher Bestandteil von Anbetung. Nach der Lehre des Weltkatechismus ist es »richtig, Gott Opfer darzubringen zum Zeichen der Anbetung und des Dankes, des Flehens und der Gemeinschaft mit ihm« (KKK 2099). Opfer werden für Dinge gebracht, die man liebt. Und was sind die Leidenschaften und Personen, denen der Mensch um jeden Preis Opfer zu bringen bereit ist? Sie sind Gegenstand der Anbetung. Und: Über kurz oder lang werden der Einzelmensch und die Gesellschaft zu dem, was sie anbeten.

❧

Es zeigt sich also, daß einer Gesellschaft ihre Form von denjenigen Dingen aufgeprägt wird, welche die jeweilige Bevölkerung zum bevorzugten Gegenstand ihrer Anbetung macht. Mit anderen Worten: Die Art, wie Religion praktiziert wird, ist für die Gestaltung einer Gesellschaft von maßgeblicher Bedeutung. Die ersten theoretischen und praktischen Verfechter des Liberalismus haben die Sprengkraft dieser Tatsache erkannt. Sie hatten beobachtet, daß Menschen religiöse Differenzen des öfteren gewaltsam austragen. Die Liberalen gaben sich nun der Hoffnung hin, die von ihnen propagierte Art der Regierung werde dieses Problem lösen: nicht indem die Gesellschaft zur wahren Religion hingeführt wird, sondern entweder durch Beilegung der Differenzen mittels gesellschaftlicher Mechanismen, wobei das Ergebnis in geordneter Freiheit zu bestehen hätte, oder, wie es radikalere Elemente wollten, durch gänzliche Beseitigung jeglicher Religion.

Ersterer Spielart des Liberalismus, die insbesondere mit ihrer anglo-amerikanischen Ausprägung in Zusammenhang gebracht wird, verlieh vielleicht John Adams[33] am besten Ausdruck, als er bemerkte:

»Denn wir haben keine Regierung, welche über die Macht verfügt, gegen menschliche Leidenschaften anzugehen, die durch moralische und religiöse Überzeugungen entfesselt sind. Gier, Machtstreben, Rachsucht oder Kühnheit würden die stärksten Bande unserer Verfassung zerbrechen, ähnlich wie ein Wal einem Netz entschlüpft. Unsere Verfassung wurde nur unter der Voraussetzung einer sittlich integren und religiösen Bevölkerung gegeben. Für die Regierung einer anderen ist sie völlig ungeeignet.«

Zumeist werden die letzten beiden Sätze zitiert, vielleicht sind aber die ersten beiden wichtiger. Adams war sich darüber im klaren, daß das Regierungssystem, zu dessen Aufbau er beigetragen hatte, einen Grundbestand an Tugend voraussetzt. Obgleich seine eigenen religiösen Standpunkte im wesentlichen (abgesehen von ihrer antikatholischen Stoßrichtung) indifferentistisch waren, ahnte Adams, daß Religion für den Aufbau einer Gesellschaft größeres Gewicht hat als politische Institutionen.

Demgegenüber stellten die frühen Vertreter des Säkularismus die Behauptung auf, Religion und Gesellschaft könnten und müßten getrennt werden; Friede und Fortschritt seien nur zu erreichen, wenn religiöse Meinungsverschiedenheiten hintangestellt werden und jedermann sich der *volonté*

33 Anm. d. Übers.: John Adams (1735–1826) gilt als einer der »Gründungsväter« der Vereinigten Staaten von Amerika und war deren zweiter Präsident.

générale (»Gemeinwille« im Sinne Jean-Jacques Rousseaus), dem strikten Utilitarismus (im Sinne Jeremy Benthams) oder einem anderen, »objektiven« Prinzip des Gesellschaftsaufbaus unterwerfe.

Es zeigt sich, daß das Problem darin besteht, daß es keine nichtreligiösen Personen oder Gesellschaften gibt. Für jeden Menschen hat eine bestimmte Sache oder Person allerhöchste Priorität, und für sie ist er zu Opfern bereit; sie wird Gegenstand kultischer Verehrung. Religion ist unausweichlich.

Kapitel 6: An Religion führt kein Weg vorbei

Jedes Haus hat einen Ehrenplatz. Manchmal ist es der Kamin, auf den man Familienfotos oder verschiedene Ziergegenstände stellt, oder die Tür des Kühlschranks, an der man allerlei Kinderzeichnungen befestigt. In heutiger Zeit ist es sehr häufig ein großer Fernsehapparat, welcher den ganzen Raum dominiert. Das sind die Dinge, die man hochschätzt, die man jeden Tag sehen will, die ein Bestandteil des Lebens sind, die man andere sehen läßt und die ihnen ein bestimmtes Bild von den Personen, die in der Wohnung leben, vermitteln sollen.

Eine Wohnung bringt die Werte und Vorlieben ihrer Besitzer zum Ausdruck: Man umgibt sich mit Dingen, auf die man am meisten Wert legt. Manche Familien wählen ein nobles Haus mit aufwendig gestaltetem Garten; andere eines mit einer Veranda und direkter Lage an einer Hauptstraße. Manche widmen ihre Zeit, ihr Geld und ihre Energie der Einrichtung einer perfektionierten Küche; andere füllen das ganze Untergeschoß mit Kinderspielzeug. So etwas wie ein »neutrales Haus« gibt es nicht. Auch das zu Vorführzwecken dürftig dekorierte Haus dient einem bestimmten Zweck, nämlich es so schnell und so gewinnbringend wie möglich zu verkaufen.

Mit der menschlichen Seele verhält es sich wie mit den menschlichen Behausungen. Ihr ist eine göttliche Ordnung eingestiftet, aber auch der Mensch selbst gestaltet sie nach der seinen, nämlich nach der Werteordnung, die in seinen Gedanken, Worten und Werken enthalten ist. Den ursprünglichen Ehrenplatz nimmt in jeder Menschenseele Gott ein. Diese Tatsache ist jedoch aufgrund der Erbsünde verdunkelt. Kraft der Taufe wird dem Christen durch das Wirken der Gnade auch die Möglichkeit gegeben, sein Leben in Entsprechung zu seiner Natur zu ordnen, jedoch auch dann sieht er die göttliche Ordnung nur wie »durch einen Spiegel im Rätsel« (1 Kor 13,12).

Darum ist es dem Christen aufgegeben, mit der Gnade Gottes mitzuwirken und so seine Seele gemäß der Ordnung Gottes zu formen. Gott muß im Herzen und in den Wohnstätten den ersten Platz einnehmen. Geschieht dies nicht, so wird dieser erste Platz nicht leerstehen, sondern von anderem eingenommen, dem Verehrung erwiesen wird, z. B. den Abgöttern des Sexualismus, des Geldes oder einem riesenhaften Fernsehgerät. Somit gibt es kein Entrinnen: Der Mensch ist notwendigerweise irgendeinem Kultobjekt ergeben.

❧

Beständig wird uns vor Augen geführt, z. B. in der Messe, in Büchern oder sogar im Internet: Gott ist gut. Gott ist Liebe. Gott ist Wahrheit. Gott ist Schönheit. Außerdem: Er ist Ursprung alles Guten, das überhaupt vorstellbar ist. Im Credo bekennt sich jeder Christ dazu, daß Gott der Schöpfer des Himmels und der Erde ist. Oben wurde schon gesagt, daß Gott nicht nur alles Bestehende erschaffen hat, sondern es auch beständig im Dasein erhält. Und Gott ist reines Sein.

Schöne und zutreffende Aussagen, aber welche Bedeutung haben sie wirklich für das Leben? Es ist leicht begreiflich, daß Gott aufgrund seiner Güte Wahrheit und Liebe, Anbetung und Verehrung geschuldet sind, daß es also würdig und recht ist, sie ihm zu erweisen. Doch es geht nicht nur darum. Die soeben angeführten Wahrheiten über Gott machen die eigentliche Ordnung des Kosmos aus, der sichtbaren Ordnung ebenso wie der unsichtbaren, der natürlichen wie auch der übernatürlichen. Diese Ordnung bedeutet, wenigstens zum Teil, Rangordnung.

Dies erhellt ohne weiteres aus den gerade genannten Eigenschaften Gottes. Wenn Gott gut ist, so ist auch die gesamte Schöpfung gut – aber weniger gut als der Schöpfer, denn ihr Gutsein ist lediglich Teilhabe am Gutsein ihres göttlichen Ursprungs. Dementsprechend ist jeder Bestandteil der Schöpfung besser, der dem Schöpfer ähnlicher ist, als der dem Schöpfer unähnlichere, denn ersterer hat mehr Anteil am ewigen und unendlichen Urgrund alles Guten – durch seine größere Ähnlichkeit zu ihm.

Ein Gleiches wie für das Gute kann für Liebe, Wahrheit oder auch die bloße Existenz festgestellt werden. Menschen haben einen größeren Anteil an der Liebe, der Wahrheit und der Existenz als beispielsweise ein Stein, ein Baum und ein, wenn auch höchst verständiger und anhänglicher, Haushund.

Die geschilderte Rangordnung bedeutet natürlich auch Unterordnung. Zum Beispiel ist das Gras einer Ziege in einer bestimmten Weise untergeordnet, die Ziege dem Menschen, der Mensch aber Gott. So untersteht die ganze Schöpfung dem göttlichen Willen – der Vorsehung Gottes. Gott zwingt die Ziege nicht, zu grasen, aber hat sie mit einer Natur ausgestattet, die sich von Gras ernährt, infolgedessen verhalten sich Ziegen in genau dieser Weise. So hat auch eine Ziege, ohne darüber im geringsten nachdenken zu müssen, Anteil am von der göttlichen Vorsehung durchwalteten Weltgeschehen. Der Mensch indes ist ein Sonderfall. Durch seinen freien Willen steht er seinsmäßig Gott näher, aber dem freien Willen entspricht auch eine schaudererregende Verantwortung. Nach der Auflehnung der gefallenen Engel ist der Mensch das einzige Geschöpf, das sich dem Willen Gottes zu widersetzen vermag. Somit steht der Mensch unmittelbar unter dem Imperativ, den Vorsehungswillen Gottes für sich und seine Mitmenschen umzusetzen; er hat aber auch die Möglichkeit, dem Willen Gottes zuwiderzuhandeln.

Stützt der Mensch sich nicht auf die Gnade Gottes, wird er dem Willen Gottes nicht gerecht. Die Gnade wird in ganz besonderer Weise durch die Sakramente der Kirche mitgeteilt. So ist der Christ zu einer innigen Teilnahme am Wirken Christi fähig, um auf diese Weise der Welt seine Ordnung und seinen Frieden zu bringen.

Die Rangordnung im Sein und im Guten ist schlicht und einfach die Realität des ganzen Kosmos, die sich entweder richtig oder in entstellter und verkehrter Weise in der Menschenseele widerspiegelt. Ein Leben ohne Rangordnungen und Werte gibt es ebensowenig wie ein Leben, das der Existenz Gottes »neutral« gegenübersteht. Die Menschenseele befindet sich mit der Realität entweder im Einklang oder im Widerstreit.

Es gibt Wirklichkeiten, die der Mensch gestaltet, und Wirklichkeiten, nach denen er sich richten muß. Dem Menschen ist es von Gott in besonderer Weise aufgetragen, die

Schöpfung zu verwalten, was jedoch nicht bedeutet, daß alles unter der vollständigen Befehlsgewalt des Menschen steht oder stehen kann.

So ist etwa die Entwicklung von Technik, die das Wetter steuert, bis zum jetzigen Zeitpunkt nicht gelungen. Die täglichen meteorologischen Umstände sind eine Wirklichkeit, die sich der Verfügung des Menschen entzieht und der er sich deswegen anzupassen hat. Trägt man an einem frischen Oktobermorgen ein kurzes Hemd oder verzichtet man bei rauhem Wetter auf einen Regenschirm, so hat man die sich ergebenden Unannehmlichkeiten nicht der Wetterlage zuzuschreiben, sondern der eigenen unzureichenden Vorsorge.

Gilt dies schon hinsichtlich meteorologischer Gegebenheiten, was steht dann erst zu erwarten, wenn es der Mensch verabsäumt, seine Seele in Einklang mit der Realität der gesamten kosmischen Ordnung zu bringen? Wenn er gegen den Willen Gottes rebelliert; wenn er seine eigenen Begriffe von Wahr und Falsch, Gut und Böse, Schönheit und Häßlichkeit trotzig der Wahrheit, Güte und Schönheit, die Gott selbst ist, entgegensetzt? Vielleicht stellt sich dann kein physisches Unwohlsein ein, möglicherweise sogar – für eine gewisse Zeit – ein Wohlbehagen am Genuß des irdischen Vergnügens; aber das Herz des Menschen wird, wie der hl. Augustinus bemerkt, immer unruhig sein, bis es ruht in Gott.[34]

Einer der Grundirrtümer des gegenwärtigen liberalistischen Zeitalters ist der Mythos, der Mensch erfinde sich selbst. Der Individualismus der Aufklärungszeit wurde zu einem eigenen metaphysischen Glaubensbekenntnis über-

34 Vgl. Augustinus: *Confessiones*, 1, 1, 68.

höht, dem zufolge jedermann seine eigene Realität konstruiert. Besonders deutlich tritt dies natürlich zutage bei der »Transgender«-Ideologie, indes ist diese nur ein besonders abstoßendes Symptom einer weiterreichenden Krankheit, die sich eigentlich der hartnäckigen Vorstellung verdankt, der Mensch könne sich seine religiöse Realität erschaffen.

Die Weigerung, die göttliche Ordnung anzuerkennen, vermag sie weder außer Kraft zu setzen noch zu entwerten. Die kosmische Seinsordnung hört nicht auf zu bestehen und wird nicht belanglos, weil der Mensch sie als Störung seines Strebens nach Vergnügen, Macht und Gewinn empfindet. Versucht ein Kind, ein fünfeckiges Puzzlestück in eine Lücke zu stecken, die für ein sechseckiges vorgesehen ist, so wird ihm dies nie gelingen, mag es sich auch noch so sehr darum mühen. Nun wird das Kind entweder immer unwilliger und schließlich in Wut ausbrechen, oder es wird die Realität akzeptieren und sich des passenden, sechseckigen Puzzleteils bedienen.

Die Versuche des Menschen, die Ordnung des Kosmos umzukehren, sind notwendigerweise zum Scheitern verurteilt. Was gut ist, bleibt immer gut; was wahr ist, bleibt immer wahr. Wie das erwähnte Kind werden Menschen und Zivilisationen in ihrem Bestreben, ihre Privatrealität der Wirklichkeit entgegenzusetzen, nur um so unwilliger und frustrierter.

Bestrebungen, die göttliche Ordnung zu untergraben, geben sich zumeist nicht klar zu erkennen oder verstehen sich selbst nicht einmal als solche. Regelmäßig werden ihre Forderungen mit Ausdrücken wie »Gleichheit« und »Toleranz«

bemäntelt. Ungesagt bleibt dabei, daß es in Wirklichkeit um substanzielle Dinge wie Wahrheit und Irrtum geht – und auch um wahre und falsche Religion. In der Folge kommt es zur Fehlaufassung, göttliche und menschliche Ansprüche seien gleichwertig.

Nach einer Bemerkung des hl. Thomas von Aquin entsteht vollendete Schönheit nicht durch strikte Ein- und Gleichförmigkeit, was auch unschwer aus dem mannigfaltigen Formenreichtum und der hierarchischen Ordnung der Schöpfung Gottes erkannt werden kann. Vollkommene Schönheit ist (im Bereich des Geschaffenen) dann wahrzunehmen, wenn verschiedene und ungleiche Teile in die richtige Ordnung gebracht werden.[35]

Diese Feststellung trifft nicht nur für den Bereich der Ästhetik zu, sondern auch auf die Grundlage für das gerechte Ebenmaß im Kosmos. Wenn, wie bereits hervorgehoben wurde, Gerechtigkeit darin besteht, dem Anspruch auf etwas Geschuldetes zu entsprechen, dann muß die Verschiedenartigkeit der Ansprüche anerkannt werden, die seitens der verschiedenen Seinsformen und der verschiedenen Aspekte der Schöpfung für den Menschen bestehen. Die Behauptung, man schulde Gott, einem König, einem Kind, einem Pferd und einem Stein ein und dieselbe Ehrerbietung, ist offensichtlich sinnlos. Die Seins- und Schöpfungsordnung beinhaltet auch eine Ordnung der Gerechtigkeit.

Das wahre »Gleichmaß der Gerechtigkeit«, von dem der hl. Thomas spricht, ist *verhältnismäßig*. Dieses Gleichmaß schließt die Anerkennung und den Fortbestand naturbeding-

35 Vgl. Aquin, Thomas von: *Summa contra gentiles III*, Kap. 71, 69.

ter Ungleichheit ein. Die eigentümliche These der Moderne, Gerechtigkeit und vollständige Gleichheit seien dasselbe, wirkt zunächst reizvoll, hält aber der Überprüfung nicht stand. Wendet man sie z. B. auf die verschiedenen Seinsebenen an, wird der Mensch entweder anmaßend Gott gleichgestellt oder verächtlich zum Tier erniedrigt.

Hat nun dieses Verständnis von Gerechtigkeit – in Anwendung auf die zwischenmenschlichen Verhältnisse – eine rigide Hierarchie der Gesellschaftsklassen zur Folge, wie z. B. im klassischen Kastensystem Indiens, in dem Familien über Generationen hinweg auf bestimmte soziale Rollen festgelegt wurden? Durchaus nicht. Wohl aber bedeutet es, daß die göttliche Vorsehung in der Tätigkeit der für die jeweiligen Formen des gesellschaftlichen Lebens zuständigen Autoritäten erkennbar wird, nämlich der weltlichen Obrigkeit und kirchlichen Hierarchie, deren Zielsetzung im zeitlichen bzw. übernatürlichen Gemeinwohl besteht. Infolgedessen schuldet der Mensch den ihm übergeordneten Autoritäten besondere Ehrerbietung; denjenigen, über die er selbst Autorität ausübt, besondere Fürsorge.

Im Spezialfall von Autorität und Gerechtigkeit im Verhältnis zwischen Gott und Mensch ist die Erhöhung menschlicher Interessen auf eine »göttliche Ebene« (bzw., was häufiger vorkommen dürfte, die herabstufende Vermenschlichung der Vorrechte Gottes) immer irgendwie die Sünde des Stolzes. So wird mitunter menschlicher Autonomie eine Priorität vor dem Gehorsam gegenüber der göttlichen Vorsehung eingeräumt, in anderen Fällen setzen nationale, ethnische oder stammesmäßige Gruppen ihre Belange denen Gottes gleich, wenn sie sie ihnen nicht gar überordnen.

Am Anfang steht der Stolz, der sich, wie stets bei ihm der Fall, krebsartig ausbreitet. Stolz rebelliert gegen Dienen, Gehorsam, Unterordnung – gegen die Realität. Das Ergebnis besteht niemals in echter Freiheit. Ein Verwerfen der freimachenden Schöpfungsordnung Gottes zwingt den Menschen notwendig unter ein Sklavenjoch.

Die Feststellung, daß die freiwillige, vertrauensvolle Unterwerfung unter die göttliche Vorsehung Freiheit bedeutet, ist keine Sprachverfremdung (etwa im Sinne Orwells). Um noch einmal auf das Beispiel des Wetters zurückzukommen: Jemand, der sich auf die meteorologischen Tagesbedingungen einstellt – sich also realitätskonform verhält –, kann seinen Verpflichtungen und Interessen leichter gerecht werden als jemand, der sich z. B. dem Regen aussetzt oder in einen klimatisierten Raum einschließt.

Hier ist auf das Problem hinzuweisen, daß Worte wie »Abhängigkeit« und »Unterordnung« zumeist in ihrer zwischenmenschlichen Bedeutung aufgefaßt werden, woraus sich das Mißverständnis ergibt, es sei so etwas wie »Sklaverei« gemeint. Für den rein zwischenmenschlichen Bereich träfe dies übrigens zu. Sich jemandem vollständig unterzuordnen, all seine – auch zunächst als grillenhaft erscheinenden – Anordnungen befolgen zu müssen, und dabei zu wissen, daß bei Ungehorsam unangenehme oder noch schlimmere Folgen blühen, erscheint als ein treues Abbild der Sklavenhalterei in Amerika, im Ägypten der Pharaonen oder in Neros Rom.

Ist es aber nicht völlig selbstverständlich, daß ein solches Verhältnis zwischen Gott und Mensch – also zwischen Unendlichem und Endlichem, Vollkommenem und Mangelhaftem, Ewigem und Sterblichem – besteht? Der Moderne gilt der Gott der Bibel als Tyrann, ist seine Herrschaftsform doch kein Abklatsch liberalistischer Demokratien. Die einseitige Betrachtung der manchmal äußerst strengen Strafgerechtigkeit Gottes läßt aus dem Blick geraten, daß der Allmächtige zugleich der Allgütige und Allliebende ist. Sich einer *solchen* Macht und einem *solchen* Wesen unterzuordnen, ist etwas völlig anderes als die Unterwerfung und der vollkommene Gehorsam, die einem erbsündlich belasteten Mitmenschen erwiesen würde. Menschliches Scheitern – auch wiederholtes – führt nicht sogleich zur endgültigen Verurteilung durch Gott, dieser nimmt im Gegenteil denjenigen, der, wie es die Gerechtigkeit erfordert, echte Reue zeigt, immer wieder väterlich auf.

Der Mensch hat also kein Mitsprachrecht in der göttlichen Weltregierung, was nichts anderes als recht und billig ist. Die Vorstellung, der Mensch, ein durch Zeit, Raum und Sünde begrenztes Wesen, könne das Werk Gottes vervollkommnen, ist der Gipfelpunkt des Wahnsinns. Deswegen handelt ein Mensch in desto größerer Übereinstimmung mit seiner eigenen Natur, je mehr er Gott gehorcht. Durch seinen Gehorsam erfüllt der Mensch wirklich seine Rolle im Drama der Weltgeschichte – und zwar nur auf diese Weise, so wie in einem Bühnenstück ein Schauspieler den Text seiner Rolle nicht durch eigene Einlassungen ersetzen darf.

Gott zu dienen bedeutet, die Grundlage für Freiheit, Frieden, Ordnung und damit für das Gemeinwohl zu schaffen.

Verweigert der Mensch diesen Dienst, befreit er sich nicht, sondern begibt sich in Sklaverei. Die Umwälzung der Weltordnung bringt die Willkürherrschaft der Leidenschaften. Eine der geschicktesten Listen des Teufels besteht darin, den Menschen (zumindest für kurze Zeit) glauben zu machen, er sei frei, während er immer tiefer in seine Knechtschaft herabsinkt, sei diese nun eine direkte (menschliche Leidenschaften) oder indirekte (Führerkulte, gesellschaftliche Bewegungen und Wirtschaftssysteme, die sich die menschliche Schwäche zunutze machen).

Kurz: Der Mensch muß unausweichlich irgendjemandem dienen. Dieser Dienst aber nimmt sehr schnell, mitunter in beunruhigender Weise, den Charakter einer eigentlichen Religion an.

❧

Als Gesetze zur Zulassung gleichgeschlechtlicher »Ehen« und entsprechende Gerichtsurteile im Lande von sich reden machten, kam es zu einem bezeichnenden Vorfall. Weil sich die jeweilige Gesetzeslage fast wöchentlich änderte, war das betreffende Geschehen leicht zu übersehen; viele unverhüllt aggressive Maßnahmen wurden ins Werk gesetzt, und so nähme es nicht wunder, wäre dieser besondere Vorfall ganz unbeachtet geblieben.

Das Ganze geschah im Jahre 2014 in Arizona, kurz nachdem der Gouverneur sein Veto gegen einen Gesetzesentwurf eingelegt hatte, das Geschäftsunternehmen davor geschützt hätte, bei einer Verweigerung der Mitwirkung bei gleichgeschlechtlichen »Hochzeits«-Feiern rechtlich belangt zu werden. Die politische Atmosphäre war angespannt: Internationale Unternehmen, die ihren Sitz in diesem Bundesstaat hatten, drohten mit Konsequenzen wirtschaftlicher Art, falls der Gesetzesentwurf angenommen würde; landesweit schossen sich Medien auf Phoenix, die Hauptstadt des Staates, ein.

Nach erfolgtem Veto setzten sich radikale Demonstranten triumphal zum Geschäftsgebäude des *Center for Arizona Policy* (einer Vereinigung, die sich für authentische Familienrechte einsetzt) in Marsch. Als später die Präsidentin dieser Organisation zur Arbeit erschien, verbarrikadierten die Radikalen die Tür des Gebäudes und legten ihr eine unterschriftsfertige Erklärung vor, mit der sie sich von ihrer Arbeit bei der Formulierung des Gesetzesentwurfs distanzieren und sich zugleich dafür »entschuldigen« sollte.

Diese filmreife Szene hätte problemlos einem Produkt Hollywoods, in dem (angebliche) Verfahrensweisen der hl. Inquisition zur Darstellung gelangen sollen, zur Vorlage dienen können. (Das weitaus anspruchsvollere Vorgehen der historischen Inquisition ist natürlich mit der Plumpheit dieser Radikalen nicht einmal entfernt zu vergleichen.) Die Präsidentin der Familienrechtsorganisation hatte sich also gegen einen »Glaubenssatz« des »Fortschritts« vergangen. Als der »Ketzerei« Überführte hatte sie jetzt öffentlich »Abbitte« zu leisten, wenn nicht zur Sicherstellung des eigenen »Seelenheils«, dann zumindest des Gemeinwohls wegen, denn die Unzulässigkeit jedweder »Ketzerei« muß der Öffentlichkeit deutlich werden. Der in den sozialen Medien in den Folgejahren geführte »politische Diskurs« war von dieser Art der »Ketzerjagd« gekennzeichnet, samt dem festen »rituellen« Element erzwungener »Widerrufe«.

Die grobschlächtige Nachahmung religiöser Handlungen und Traditionen ist in Amerika mittlerweile selbstverständlich, man denke nur an die Praktiken der National Football League (an Sonntagen nach einem festen Schema angesetzte Spielzeiten, ähnlichen den Meßzeiten einer Kirche, liturgieähnliche Elemente bei den Spielen selbst, z.B. Erkennungsmelodien, Halbzeiten, Verhaltensweisen des Schiedsrichters usw.).

Eine Gesellschaft errichtet notwendigerweise Altäre. Auf ihnen wird entweder der sakramentale Leib Jesu Christi verehrt – oder die Gesetzestafeln des Liberalismus, Sport-Trophäen und ähnliches.

»Neutralität« ist eine Unmöglichkeit; behagliche Indifferenz, unbeteiligte Beobachtung aus der entrückten Höhe eines Elfenbeinturms sind reine Illusionen.

Zunächst mag eine solche Behauptung beängstigend wirken. Es steht fest, das er sehr folgenreich ist, denn er betrifft buchstäblich die Sicht auf alles andere, angefangen von der Weltpolitik bis hin zum persönlichen Bereich des Freundes- und Familienkreises. Zugleich geht es aber hier um eine befreiende Erkenntnis, denn sie enthüllt schlagartig die vollständige Gehaltlosigkeit der »Objektivität«, »Anständigkeit« und »Friedfertigkeit« des Atheisten oder religiösen Indifferentisten. Es zeigt sich, daß auch sie – allen gegenteiligen Beteuerungen zum Trotz – für ihre Thesen (die im Grunde »religiöser« Art sind), die sich auf Gerechtigkeit, Recht und Moralität beziehen, den Anspruch auf Allgemeingültigkeit erheben.

Der Katholik braucht also keinerlei Scheu zu haben, in seiner Art ein gleiches zu tun: Die objektiven Wirklichkeiten über Gnade, Erlösung und Christus den Gekreuzigten in Wort und Tat zu verkünden, und keinem säkularistischen Einheitsbrei, der den Säkularisten im übrigen niemals säkularistisch genug ist, das Wort zu reden. Die Frage ist eben nicht, *ob* eine Gesellschaft auf religiösen bzw. »weltanschaulichen« Prinzipien beruht, sondern *welche* Prinzipien angenommen bzw. ignoriert und niedergehalten werden.

Wenn ein politisches System behauptet, nicht auf religiösen Prinzipien zu beruhen oder solchen nicht den ersten Platz einzuräumen, so straft die Praxis diese Behauptung regelmäßig Lügen – was wenig überrascht.

Kapitel 7: Eine liberalistische Gesellschaft ist notwendigerweise auch säkularistisch

Gerechtigkeit ist Harmonie, oder genauer: Gerechtigkeit und Harmonie sind untrennbar miteinander verbunden, sie bestehen zusammen oder gehen zusammen zugrunde. Die Gerechtigkeit gewährleistet gesellschaftliche Harmonie; umgekehrt ist auch ein Mindestmaß an gesellschaftlicher Harmonie eine notwendige Voraussetzung für die Umsetzung der Gerechtigkeit.

Dies trifft nicht nur auf das Verhältnis von Personen innerhalb einer Gesellschaft zu (horizontale Ebene), sondern auch auf das Verhältnis zwischen menschlichen Personen und Gott (vertikale Ebene). Die menschliche Seele ist auf ihre Harmonie mit der Ordnung Gottes hin erschaffen; in dieser Harmonie erfreut sich der Mensch in seiner Seele eines Wohlklangs des Lobes, der Liebe und der Freude Gottes.

Man stelle sich ein Orchester vor, das eine schlichte, schöne, zeitlose Melodie zu Gehör bringt. Die Musik ist geordnet und schön – schön gerade aufgrund ihrer Ordnung. So kann auch das Leben eines Menschen gleichsam zu einer zeitlosen, klangreinen Melodie beitragen, sofern es sich harmonisch in diese einfügen will. Die notierte Melodie als solche bleibt immer dieselbe, auch wenn jemand die Gesetze der Harmonie mißachtet. Ebenso kann die göttliche Ordnung als solche niemals in Unordnung gebracht werden, höchstens kann eine Dissonanz entstehen, wenn sich jemand ihr zu entziehen sucht; die Folge ist ein unschöner und abstoßender Klang.

Um den Vergleich noch etwas fortzuführen: Die Menschen sollen mit der göttlichen Melodie nicht nur als Einzelne, sondern auch gemeinschaftlich in Einklang stehen, als Familien, Nachbarn, Völker, so wie es auch bei den verschiedenen Gruppen eines Orchesters der Fall sein soll. Vollkommene Harmonie ist also erst dann gegeben, wenn sowohl die Einzelnen als auch die Gruppen ihren Teil dazu beitragen. Was geschähe jedoch im Falle eines Orchesters, dessen einzelne Musiker – Trompeter, Paukisten, Klarinettisten, Cellisten – sich nicht auf- und miteinander abstimmen würden, sondern sich nur auf ihr eigenes – und dann auch noch durch die zusammenhanglosen Töne desorientiertes – Gehör verließen? Das Resultat bestünde unvermeidlich in einem völligen Mißklang. So wie im Falle dieses Orchesters geschieht es auch in der heutigen Gesellschaft: Zwar wird dem Einzelnen gestattet, sich um ein Leben in Einklang mit den Anordnungen Gottes zu bemühen, jedoch wird eben dies für die Gesellschaft als Ganze um jeden Preis verhindert.

Nach einer Bemerkung von Papst Benedikt XVI. »waren die ersten Christen davon überzeugt, daß alles davon abhängt, sich im richtigen Verhältnis zu Gott zu befinden.«[36] Notabene: »alles«. Die Rede ist hier nicht nur vom individuellen Gemütsleben, den Familien oder auch den Pfarrgemeinden, sondern vom Schicksal ganzer Völker und Staaten und letztlich der gesamten Menschheit.

Die politische Denkrichtung aber, welche die westliche Welt nun schon seit Jahrhunderten dominiert, hält dies für

36 Ratzinger, Joseph: *Unterwegs zu Jesus Christus*, Augsburg 2003. (Hier aus dem Englischen rückübersetzt.)

nicht hinnehmbar. Das hat zur Folge, daß sie nunmehr vom Tode gezeichnet ist.

❧

Was ist Liberalismus? In *The First Society* liest man dazu:

> »Für den Liberalismus bilden die Rechte und Freiheiten des Einzelnen den zentralen Bezugspunkt aller politischen Werte; diesen Rechten werden soziale Pflichten und die Verwirklichung des Gemeinwohls untergeordnet. Von daher versteht der Liberalismus die Gesellschaft nicht als ein organisches Ganzes, sondern als eine Ansammlung autonomer Individuen, die ihre eigenen Interessen verfolgen.«[37]

Dies trifft heute noch genauso zu wie vor wenigen Jahren. Im Folgenden wird jedoch insbesondere ein Aspekt berücksichtigt, der in obiger Beschreibung des Liberalismus zwar nur anklingt, aber vielleicht noch eher seinen eigentlichen Kern ausmacht, nämlich die Privatisierung der Religion.

Für gewöhnlich wird die Entstehung des Liberalismus, insbesondere des englischen, als traumatische Reaktion auf gewalttätige interkonfessionelle Auseinandersetzungen betrachtet. Katholiken und diejenigen, die der neuen Gemeinschaft, Protestanten genannt, angehörten, lieferten sich blutige Kämpfe. Frühen Theoretikern des Liberalismus, z. B. Thomas Hobbes und John Locke, war dies Anlaß, über einen Lösungs-

37 Hahn, Scott: *The First Society*, xviiin1.

ansatz nachzudenken, der einen dauerhaften Frieden zu gewährleisten vermag. Obgleich man sich dieses historischen Hintergrundes im allgemeinen kaum bewußt ist, ruft bis heute jedweder religiöse Universalanspruch innerhalb einer liberalistischen Gesellschaft heftige Abwehrreaktionen hervor.

Der genannten historischen Einordnung wird indes mittlerweile widersprochen, vor allem von William T. Cavanaugh in seinem Buch *The Myth of Religious Violence*. Er zeigt dort, daß die scharfe Trennung zwischen säkularer (»rationaler«, »toleranter«, »friedfertiger«) und religiöser (»irrationaler«, »unnachgiebiger«, »gewaltbereiter«) Sphäre ausschließlich auf einem modernen und liberalen Verständnis beruht, das unreflektiert auf die Vormoderne übertragen wird. Ursächlich für die sogenannten Religionskriege, die sich vor der Heraufkunft des Liberalismus abspielten, waren aber ebenso sicher politische, ökonomische und kulturelle Faktoren wie religiöse. Deren ausschließliche Reduzierung auf die Ebene »religiöser Zwistigkeiten« wird mittlerweile, wie Cavanaugh überzeugend dargetan hat, nicht nur zur Selbstrechtfertigung des Liberalismus eingesetzt, sondern auch als Legitimierung säkularistischer Übergriffe gegen das, was als gefährlicher religiöser Extremismus hingestellt wird.[38]

Christen der Vormoderne hätten, wie Andrew Willard Jones in seiner trefflichen Studie *Before Church and State* (über das Frankreich des 13. Jahrhunderts unter dem hl. König Ludwig IX.) gezeigt hat, den modernen Gegensatz zwischen religiösem und politischem Bereich schlicht nicht

---

38 Vgl. Cavanaugh, William T.: *The Myth of Religious Violence. Secular Ideology and the Roots of Modern Conflict*. New York 2009.

nachvollziehen können. Die Unterscheidungen, die man machte, standen im Dienst der Einheit, nicht der Trennung. So widmeten sich Laien und Geistliche unterschiedlichen, aber wesentlichen Aspekten des kirchlichen Lebens, wie es auch in der Meßfeier anschaulich dargestellt wurde: Laien brachten die Gaben zum Altar, der Priester nahm danach die Konsekration dieser Opfergaben vor. Klerus und Laien bildeten eine organische Einheit, die auf das zeitliche Gemeinwohl des Friedens und das ewige Gemeinwohl der Erlösung ausgerichtet war. Ein Bauer oder Kaufmann des Mittelalters, dem man gesagt hätte, er dürfe seine Religion nur innerhalb der Privatsphäre ausüben, hätte dies als ebenso widersinnig empfunden, wie ein Mensch der Moderne, dem man bedeutet, er möge es unter keinen Umständen wagen, seine Einschätzungen zur Wetterlage zu äußern.[39]

Indes ist die moderne Psyche von der antichristlichen und speziell antikatholischen Argumentation zugunsten einer »Notwendigkeit des Liberalismus« zutiefst geprägt. Dieser Standpunkt ist Voraussetzung für dasjenige, was das vielleicht wichtigste und festest gefügte Unterscheidungsmerkmal liberalistischer Gesellschaften ausmacht: Privatisierung der Religion.

Daß der liberalistische Religionsbegriff unbefriedigend ist, steht schon zur Genüge aufgrund der bisherigen Bemerkun-

39 Vgl. Jones, Andrew Willard: *Before Church and State: A Study of Social Order in the Sacramental Kingdom of St. Louis IX.*, Steubenville 2017, S 79.

gen über die Tugend der Religion fest. Zunächst ist anzumerken, daß der Liberalismus sämtliche Religionen ohne jede Rücksichtnahme auf ihren Wahrheitsgehalt gleichsetzt. Religion aber ist als echte Tugend an Wahrheit gebunden. In der Religion geht es nicht um »spirituelle« Gefühlsaufwallungen, sondern um unsere Pflichten gegenüber dem einen wahren Gott.

Die Herabsetzung der Religion zu einem soziologischen Phänomen, das keiner Differenzierung bedarf, als handle es sich hier um etwas in der Art von Videospielen oder Sportübungen, verdankt sich der Idee, Religion sei (notwendig) Privatsache. Die Überzeugung, daß eine Gesellschaft auf der Grundlage der religiösen Wahrheit aufzubauen ist – wie überhaupt die Überzeugung, daß es eine religiöse Wahrheit gibt –, gilt daher als sinnlos und gefährlich. Bestenfalls könne zugestanden werden, religiöse Standpunkte in die politische Diskussion einzubringen (wiewohl auch dies mittlerweile ernsthaft in Abrede gestellt wird); undenkbar aber sei es, eine Gesellschaft auf der Basis irgendwelcher fester und umfassender Aussagen über das Gute, das Wahre und die richtige Gottesverehrung aufzubauen.

Und doch ist dies, wie bereits betont wurde, unausweichlich. Aristoteles sagt dazu unmißverständlich in seiner *Politik* (eines der frühesten abendländischen Werke zur politischen Philosophie):

> Da [...] jede Gemeinschaft wegen eines Gutes sich gebildet hat (denn alle handeln in allem nur wegen etwas, was sie für ein Gut halten), so erhellt, daß alle Gemeinschaften nach einem Gute streben und dass insbesondere die vor-

nehmste und über allen anderen stehende Gemeinschaft nach dem vornehmsten Gute strebt; dies ist aber die Gemeinschaft, welche man den Staat und die staatliche Gemeinschaft nennt.[40]

Jeder Mensch und jede Gesellschaft richtet sich auf das aus, was er bzw. sie für ein Gut hält. Je größer und umfassender aber eine Gesellschaft ist, desto höher wird dieses Gut geschätzt. Indem also der Liberalismus die Religion unter dem Vorwand der Vermeidung unliebsamer religiöser Meinungsverschiedenheiten aus der Öffentlichkeit verbannen will, leugnet er die Notwendigkeit der Religion weniger, als er diese Notwendigkeit verunklart. Jede Gesellschaft, auch die liberalistische, strebt der Erreichung eines Gutes nach; die liberalistische jedoch gibt vor, dies nicht zu tun.

Natürlich ist der Liberalismus kein Monolith. Die Privatisierung der Religion durch frühere liberalistische Regime, z. B. die frühe amerikanische Republik, geschah nicht in extremer Form. Für das Anliegen des Liberalismus war aber auch diese politische Initiative von wesentlicher Bedeutung. So wie Moos auf feuchtem Gestein wächst und so seine Form annimmt, wuchs der frühe Liberalismus auf dem Boden der christlichen Kultur und war deshalb unvermeidlich in seinen Anfängen von dieser Form gekennzeichnet. Die Idee, religiö-

40 Aristoteles: *Politik*, übersetzt von J. H. v. Kirchmann. Leipzig 1880, 1. Buch, 1. Kap.

se Wahrheitsansprüche gehörten nicht in die Öffentlichkeit, wäre ja auch zu jener Zeit fast so unverständlich gewesen wie in den vorangehenden Jahrhunderten. Die Befürworter einer Abschaffung der Sklaverei z. B. beriefen sich auf biblische Argumente (während die Parteigänger der Sklavenhaltung auf »weltanschauliche Neutralität des Staates« pochten).[41]

Die Idee von der »ganzheitlichen Person« – einer Person nämlich, deren Glaube sämtlichen Lebensbereichen, nicht nur den »bloß privaten«, Form gibt – blieb noch für eine gewisse Zeit präsent. Heute noch wird sie von gläubigen Menschen, die dem »ganzheitlichen Christen« seinen Raum in der Öffentlichkeit sichern wollen, geschickt und klug verteidigt. Allerdings ist der Boden der christlichen Kultur jetzt nicht mehr vorhanden. Er ist ausgetrocknet, wurde vom Rost verzehrt, wurde geraubt – wie immer man es formulieren will; und jetzt steht nicht nur gemeinschaftliche, sondern auch private Religionsausübung unter Verdacht, sofern sie über den innerpsychischen oder häuslichen Rahmen hinausgeht.

Auch der gemäßigte Liberalismus hält eine Gesellschaft, die sich ausdrücklich und gänzlich auf religiöse Prinzipien stützt, für inakzeptabel. Zwar verweisen die Gründungsdokumente der Vereinigten Staaten in sehr vager Form auf Wahrheiten der natürlichen Religion, welche Grundlage und

---

41 Anm. d. Übers.: Sklavenhaltung und Sklavenhandel wurden z. B. von Papst Gregor XVI. mit größter Schärfe zurückgewiesen. Sein Apostolisches Schreiben (Breve), in dem er diese Phänomene eingehend erörtert, schließt der Papst mit folgenden Worten: »Kraft unserer apostolischen Autorität verurteilen wir daher alle die vorgenannten Handlungen als des christlichen Namens in jeder Weise unwürdig.« (Papst Gregor XVI., Apostolisches Schreiben *In supremo* vom 3. Dezember 1839, zitiert nach: Reuter OMI, P. Amand: *Summa Pontificia,* Abensberg 1978, S. 433)

Zielrichtung des neuen Staates bilden sollten. Das freilich ist kaum die Hinordnung auf das Gemeinwohl, wie sie die Gerechtigkeit und die göttliche Ordnung einfordern. Die in Kapitel 5 angeführten Bemerkungen John Adams', die amerikanische Regierungsform sei für eine sittenlose Bevölkerung ungeeignet, implizieren, daß die moralische und religiöse Ausrichtung der Republik auf individuell-privater Initiative beruhe. Der konkrete Inhalt der amerikanischen Ideale – »Leben, Freiheit, Streben nach Glück« – hat demgemäß vom Volk selbst festgelegt zu werden, und zwar ohne Berufung auf irgendeine, natürliche oder übernatürliche, höhere Autorität.

Also hat auch der wahrscheinlich großzügigste liberale Staat, der je existiert hat, schon von Anfang an die Privatisierung der Religion betrieben. Nicht einmal der an sich entgegenkommende Präsident George Washington konnte sich in seinem berühmten *Letter to the Roman Catholics* folgender Spitze enthalten:

> Mögen die Mitglieder Ihrer Gemeinschaft in Amerika, allein beseelt vom Geist des reinen Christentums und gleichwohl als treue Untertanen unserer freien Regierung, sich jeglicher zeitlichen und geistlichen Wohlfahrt erfreuen.[42]

Die »Anerkennung« der Kirche gilt hier also lediglich einer privaten Vereinigung bzw. Sekte unter vielen, und das Wohlwollen des Präsidenten steht unter dem Vorbehalt,

42 Washington, George: *From George Washington to Roman Catholics in America, c. 15 March 1790.*, in: *The Papers of George Washington*, Presidential Series, Band 5, 16. Januar 1790 bis 30. Juni 1790, herausgegeben von Dorothy Twohig, Mark A. Mastromarino und Jack D. Warren. Charlottesville 1996, S. 299–301.

daß Katholiken sich dem »Geist des reinen Christentums« verpflichtet sehen müssen und zuallererst den Prinzipien der Republik ergeben sind; dann mögen sie – privat – ruhig Katholiken sein.

Durch die sprichwörtliche »rosarote Brille« betrachtet, könnte es den Anschein haben, der amerikanische Liberalismus böte Möglichkeiten zum Aufbau einer richtig geordneten Gesellschaft, die, einmal vom Geist der wahren Religion durchdrungen, in dauerhaftem Einklang mit der Ordnung Gottes steht. Wäre dem jemals so gewesen – eine lange Geschichte der Feindseligkeit gegen die katholische Kirche scheint übrigens nicht darauf hinzudeuten –, so ist dies jetzt längst nicht mehr der Fall. Begründet liegt dies in der Tatsache, daß jeder Liberalismus, auch ein der Kirche nicht gänzlich feindlicher, diese niemals als die *societas perfecta*, die sie ihrem Wesen nach ist, dulden kann.

Wie oben ausführlich dargelegt, strebt jeder Mensch und jede Gesellschaft demjenigen nach, was sie für gut hält; dieses Streben ist immer – zumindest irgendwie – als Kult und Religion zu bezeichnen. Die Frage lautet demnach nicht, ob eine Gesellschaft auf einem religiösen Prinzip beruht, sondern ob es gut und vollständig oder falsch und lückenhaft ist. Der Liberalismus hingegen huldigt der dünkelhaften Vorstellung, er verhalte sich gegenüber den verschiedenen Konzepten vom wahren Gut einer Gesellschaft neutral. Natürlich trifft dies überhaupt nicht zu, denn ein Gut, das z. B. in der Geltendmachung unpopulärer, auf der Wahrheit beruhender moralischer Normen besteht, wird ja von vornherein ausgeschlossen.

Diese Feststellung ist für die Liberalismuskritik im allgemeinen und im besonderen für die Kritik an modernen Liberalismusbegriffen, wie sie allüberall in säkularistischen Universitäten herumgereicht werden, von grundlegender Bedeutung. Die Kritik muß sogar noch einen Schritt weiter gehen: Dasjenige Gut, das mit dem Liberalismus am wenigsten kompatibel ist, ist die echte Tugend der Religion.

Religion ist wesentlich eine öffentliche Tugend, weil sie öffentliche Handlungen von Einzelpersonen verlangt (z. B. Gottesdienst und Glaubenszeugnis im Alltag), und weil sie eine von öffentlichen Autoritätsträgern unterstützte Selbstverpflichtung der Gemeinschaft gebietet, Gott Gerechtigkeit zu erweisen. Politik, die vorgibt, religiös neutral zu sein, macht nicht nur dies zur Unmöglichkeit, sondern räumt darüber hinaus abstrusesten Bestrebungen, die sich des Deckmantels von »Religion« bedienen, die Möglichkeit ein, die öffentliche Ordnung nicht nur zu stören, sondern sogar zu dominieren. Mehr dazu unten.

Es soll nicht behauptet werden, daß der Staat eigentlichen Zwang ausüben soll, die Messe zu besuchen oder am sakramentalen Leben der Kirche teilzunehmen. Dergleichen gilt nicht erst seit der Erklärung des Zweiten Vatikanums über die religiöse Freiheit (*Dignitatis humanae*) als unzulässig. Wohl aber haben der Staat und die anderen Autoritätsträger des öffentlichen Lebens die Sakramente als eine Realität anzuerkennen. Eine Leugnung der Realität der Sakramente als Quellen der Gnade für den Einzelmenschen und die Gesellschaft käme einer Leugnung der Grundlage des Gemeingutes des Friedens gleich, auf das die Staatsgewalt verpflichtet ist. Die praktische Umsetzung dieses Grundsatzes ist nicht immer in gleicher Weise möglich und muß sich von Klugheit leiten lassen. Sie kann darin bestehen, daß die Wirkung der Sakramente, durch deren Empfang ein Mensch der Kirche im engeren oder weiteren Sinne einverleibt wird (Taufe, Firmung, Altarsakrament), durch irgendwelche Vergünstigungen anerkannt und bestätigt wird. Eine weitere Möglichkeit besteht darin, daß der bürgerliche Kalender sich am liturgischen Leben der Kirche (das Teilhabe an der Gnade Gottes bedeutet) orientiert, indem den Festen des Kirchenjahres oder Fast- und Abstinenztagen der Vorrang vor wirtschaftlichen oder politischen Aktivitäten zuerkannt wird. Auch kann dies bedeuten, daß die öffentlichen Autoritäten solche bürgerlichen Feiern organisieren, unterstützen oder bevorzugen, die im Gegensatz zu anderen mit der wahren Religion im Einklang stehen.

Hier muß kein ins einzelne gehendes politisches System entworfen werden (oder überhaupt irgendein System im Sinne des modernen Nationalstaates), um festzustellen: Auch einer minimalistisch interpretierten liberalistischen »religiösen Neutralität« und Verweisung der Religion in den Privatbereich – wie sie auch von wohlmeinenden Katholiken, die dem Liberalismus zuneigen, vertreten werden – müssen die genannten elementaren Ausdrucksformen der Religion als unstatthaft erscheinen.

Die Kirche als *societas perfecta* (vollkommene Gesellschaft), die durch die sakramentalen Gnaden und die immerwährende Fürsprache der Engel und Heiligen, welche die triumphierende Kirche bilden, teilhat an der Herrlichkeit des

Himmels, ist mit dem Liberalismus schlechthin unvereinbar. Die Kirche auf das Niveau einer privaten Weltanschauung zu erniedrigen, die von einzelnen Katholiken im privaten Raum kultiviert wird, steht zur Wahrheit in flagrantem Widerspruch; demgegenüber kann nach den Fundamentalprinzipien des Liberalismus die Kirche in der Öffentlichkeit unter keinen Umständen eine zentrale Stellung einnehmen. So nimmt es nicht wunder, daß der Liberalismus der Kirche stets mit Argwohn, wenn nicht mit offener Feindschaft, gegenüberstand.

Die katholische Kirche steht von jeher im Widerspruch zum Liberalismus; von daher befindet dieser sich ihr gegenüber in beständigem Aufstand. Dies entbehrt insofern nicht der Ironie, als der Liberalismus ideengeschichtlich, wenigstens teilweise, dem kirchlichen Verständnis der Würde der Einzelperson entlehnt ist. Der Liberalismus verhält sich wie ein schwererziehbarer Jugendlicher oder mißvergnügter Angestellter, denen es vor allem darum zu tun ist, der als unterdrückend empfundenen Autorität so oft wie möglich zu trotzen.

Frühe Theoretiker des Liberalismus wie auch moderne Denker, Fachgelehrte und westliche Säkularisten haben, wenn auch nur in undeutlicher und abschwächender Form, anerkannt, daß einzig die Kirche ein Gesamtkonzept der Realität zu bieten hat, welches in ernsthafte Konkurrenz zum Liberalismus treten kann. Noch beunruhigender: Dieses Konzept ist älter, belastbarer und wird noch tiefgehender dem Menschen gerecht, als alles, was der Liberalismus jemals zu offerieren vermag.

Es dürfte deutlich geworden sein, daß der Liberalismus ein absurdes Maskenspiel veranstaltet: Seine Verheißung der Neutralität kann er nicht einlösen, sein Selbstverständnis und seine Sprache sind fließend, was der Notwendigkeit einer Verschleierung seiner wirklichen moralischen und – wie getrost formuliert werden kann – religiösen Interessen geschuldet ist. Diese Fließbewegungen geschehen mit einer solchen Regelmäßigkeit, daß die Scheinwelt, die der Liberalismus errichtet hat, jederzeit als das Selbstverständliche und Normale erscheint.

Hierher gehört u.a. die Sprache, welche in den letzten Jahren zur Beschreibung der sogenannten gleichgeschlechtlichen Ehe und allgemein bei der Behandlung von Sexualfragen zur Anwendung kam. Vor der Neudefinition der Ehe durch den Obersten Gerichtshof der Vereinigten Staaten galt insonderheit Homophilie als ein moralisches bzw. religiöses Problem, m.a.W. als eine Frage, die privater und subjektiver Einschätzung unterliege, und sich somit – definitionsgemäß – gesetzgeberischer Kompetenz entziehe. Die Ehe so zu verstehen, daß sie zwischen einem Mann und einer Frau geschlossen wird (oder gar homophile Verhaltensweisen zu kriminalisieren) bedeute, eine bestimmte »moralische Auffassung« anderen aufzuzwingen.

Nachdem die Bewegung zugunsten der »gleichgeschlechtlichen Ehe« den Sieg errungen hatte, hat sich nunmehr die Sprache urplötzlich gewandelt. Jetzt sind Ehe und Geschlechtlichkeit keineswegs mehr Gegenstand »moralischer Auffassungen«, sondern sie sind Staatsangelegenheiten. Privat mag man seinem Ingrimm über diese Entwicklung Ausdruck geben, dies jedoch öffentlich zu tun, ist »intolerant«, »antisozial«, »geschäftsschädigend« oder mit irgendeiner anderen »neutralen« und »objektiven« Vokabel zu etikettieren, die der dürftigen Bemäntelung eines in Wirklichkeit »moralischen« Werturteils dienen soll. Ehe und Familie werden jetzt unter anderen Kategorien subsumiert als zuvor: »Privates« wird »Öffentliches«; »Moralisches« wird »Politisches«.

Die Kirche wird diesem Maskentheater immer als Bedrohung erscheinen, denn sie bringt seine Bühne zum Einsturz. Sie zeigt, daß Politik, Moralität und Gesetzgebung in einem unlösbaren Zusammenhang stehen, daß sie allesamt auf der Basis der Vernunft beruhen müssen und daß sie alle an diejenige Ordnung rückzubinden sind, die nach dem Willen des Herrn des Himmels und der Erde, Gottes, des Schöpfers, für den gesamten Kosmos in Geltung ist. Das ist die strenge Antithese zum Versuch des Liberalismus, Religion und Moral in die Sphäre des Privaten und Subjektiven zu verweisen, der nicht weniger ist als die Desintegration dessen, was nur eine Ganzheit bilden kann, nämlich die menschliche Gesellschaft und die menschliche Psyche.

»Teile und herrsche« – darin besteht die genannte Desintegration des Liberalismus. Die von der Kirche stattdessen gebotene Integration – Moral und Gesetz geeint durch die Vernunft und auf Gott hingeordnet, der das Irdische durch die Inkarnation dem Göttlichen integriert, vermittels der Tugend der Religion – stellt für die Hegemonie des Liberalismus eine ständige Gefahr dar.

❧

Das vorherrschende liberale Menschenbild – der Mensch als entwurzeltes Individuum, dessen persönliche Überzeugungen und Aufgaben lediglich relativer und privater Natur seien – wird häufig einfach als Säkularismus umschrieben. Darunter kann zunächst, eher allgemein, die Abwesenheit der Religion im öffentlichen Raum verstanden werden; präzisierend müßte gesagt werden, daß es sich um die Absenz der Religion als Ordnungsprinzip der Gesellschaft handelt. Zugestanden wird die Rede von Freiheit und Wohlstand als Grundlagen des Gemeinwohls, mitnichten jedoch die Erwähnung der Gerechtigkeitspflichten des Menschen gegenüber Gott. Es ist mit anderen Worten nicht gestattet, sich Gedanken darüber zu machen, worin der *Zweck* von Freiheit, Wohlstand und Gemeinwohl besteht.

Ist es aber sinnvoll, von einer »säkularistischen« Gesellschaft zu sprechen, wenn Religion unausweichlich ist? Möglicherweise ist es angemessener, anstatt die Kategorie des »Säkularismus« als Gegensatz zu derjenigen des »Religiösen« zu begreifen, den Säkularismus als ein Konzept zur Abdrängung der Religion in die Bedeutungslosigkeit des Privaten, Subjektiven und Relativen zu sehen; Säkularismus also nicht als Beschreibung gesellschaftlicher Realität, sondern als ein Mittel, das zur Beseitigung der Opposition eingesetzt wird.

Was geschieht dann, wenn die Opposition liquidiert und das Feld geräumt ist? Was soll die Leere füllen? Nach der liberalen Illusion – nichts. Der Mensch werde dann frei sein, sich seine eigene Realität zu erschaffen.

Das ist ein Trugschluß. In die Leere tritt etwas ganz anderes ein, nämlich eine Unzahl fratzenhafter Verfremdungen der wahren Religion. Liberalismus gebiert keine »säkularistische Freiheit«, sondern Götzendienst – unausweichlich.

Kapitel 8: Säkularismus ist Götzendienst

Am Anfang des letzten Kapitels wurde ein Vergleich angeführt: Die ganze Menschheit ist zur Harmonie mit der ewigen göttlichen Ordnung bestimmt, so wie ein Orchester in vollendeter Harmonie eine Komposition zu Gehör bringen soll. Der Liberalismus jedoch löst durch seine »Privatisierung der Religion« den harmonischen Gleichklang der Menschheit mit der Schöpfungsordnung in eine Kakophonie von Solisten auf. Auch das Orchestermitglied, das korrekt nach den Noten des Werkes spielen will, gerät jetzt inmitten der chaotischen Dissonanz in erhebliche Schwierigkeiten.

Der Vergleich – die Analogie – endet jedoch nicht hier. Das beschriebene Chaos ist den Menschen nicht nur hinderlich, ihr gottgesetztes Ziel zu verfolgen, sondern es ist außerdem zutiefst unnatürlich, ein unerträglicher Widerspruch zu dem, worin die Natur des Menschen als soziales und politisches Wesen und auch als Christ besteht (vgl. *The First Society*). Die Menschen sind füreinander und für Gott erschaffen; sie müssen Gott in der Gemeinschaft dienen, durch die Kirche auch mit den Engeln und Heiligen vereint.

Die menschliche Natur bleibt trotz allem das, was sie ist. Die Zuordnung der Menschen aufeinander und auf Gott kann nicht ausgelöscht werden. Allerdings kann diese Zuordnung fehlgeleitet und entstellt werden. Der Mensch verbleibt auch jetzt nicht in autonomer Abgeschlossenheit, sondern er bildet neue Gemeinschaften, die sich an Fehlauffassungen über das, was ihr Gut ist, orientiert.

Um den Vergleich mit einem Orchester weiter zu bemühen: Seine Mitglieder behalten nicht unbeteiligt-beiläufig auf der Bühne Platz, sondern sie hören die verzerrten Töne, die sie dann vielleicht für richtig halten, weil sie meinen, dies sei die Melodie, die sie eigentlich spielen wollen. Je lauter diese Töne sind, desto eher kann unter Umständen dieser Eindruck entstehen, und desto mehr Musiker schließen sich denjenigen an, die sie hervorbringen. Schließlich tun sich einige Lautstarke besonders hervor und haben ab diesem Zeitpunkt eine Art Leitungsfunktion. Sie geben jetzt nach eigenem Belieben den Ton an.

Indes, angewandt auf das Gemeinte: Diese neue Musik ist nicht mehr die Musik Gottes. Die göttliche Melodie, die an sich immer noch für jeden, der sie kennenlernen will, anhand der Noten erkennbar ist, wurde durch die schrillen Mißtöne des Orchesters ersetzt, das statt der Originalmelodie eine eigene wertlose Kreation zum besten gibt. Und wenn ihr die göttliche Originalmelodie tatsächlich immer und überall in konkurrenzloser Schönheit überlegen ist, so wirkt dennoch die Eigenproduktion des Orchesters auf manche ebenso überzeugend. Sie passen ihr Gehör den neuen Klängen an, das in sich eine gewisse »harmonische Geschlossenheit« und »innere Folgerichtigkeit« zu haben scheint, auch wenn sie mit der Partitur des Komponisten – Gottes – nichts mehr zu tun hat. Letztere wird jetzt als unerheblich abgetan und gerät in der Folge in Vergessenheit, bzw., genauer gesagt, man ignoriert sie ganz bewußt.

Es zeigt sich, wohin das weltanschauliche und gesellschaftliche Chaos des Säkularismus führt, nämlich zum Götzendienst.

Etwas ganz anderes hatte der Liberalismus ursprünglich beabsichtigt. Man hatte gemeint, in einer Gesellschaft, in der Religion und ihre Ansprüche erst einmal beseitigt seien, werde intellektuelle Freiheit und Autonomie jedes Einzelnen eine Selbstverständlichkeit sein. Wieso ist dieses Projekt gescheitert?

Es hat sich gezeigt, daß der Liberalismus auf einen bestimmten Menschentyp zugeschnitten ist, einen solchen nämlich ohne einen naturgegebenen Bezug zu seinem Schöpfer. Liberalismus stellt auf einen »Liberalmenschen« ab, ein Individuum, welchem irgendwelche natürlichen, sozialen und zweckdienlichen Affinitäten zu seiner Familie, Gemeinschaft oder seinem Volk eigen sind (als säkularistische Form der Tugend der Pietät), das dabei jedoch grundsätzlich ein streng biologisches Phänomen ist. Der Liberalmensch kommt als areligiöses Wesen zur Welt. Hat er später »spirituelle Erfahrungen«, so ist dies lediglich Ausdruck seiner intellektuellen Freiheit, zusätzliche, optionale Ergänzung seiner allgemein-menschlichen Entwicklung.

Religiöse Verpflichtungen, die seinem freien Willen vorgeordnet sind, gibt es für einen Liberalmenschen nicht. Sieht sich eine Person mit religiösen Neigungen aufgrund *selbst* eingegangener Verpflichtungen durch diese gebunden, mag so etwas angehen, ist doch auch autonome Selbstverpflichtung Ausdruck der Autonomie. Niemals aber kann der vom Liberalismus beschriebene Menschentyp von Haus aus zu irgendetwas gehalten sein. Der Liberalmensch wird als weltanschauliche Vollwaise geboren.

Die Schwierigkeit ist nur, daß so etwas wie ein Liberalmensch nicht existiert. Die Lebenswelt des modernen Westens ist deswegen auf ein Abstraktum ausgerichtet, eine nach Maßgabe »aufklärerischer«, vor allem antikatholischer Wahnvorstellungen konstruierte Spezies seelenloser Primaten. Noch nie hat es einen Menschen gegeben, der zu Gott in keiner Beziehung gestanden hätte, schon aus dem einfachen Grunde, daß jeder Mensch von Gott geschaffen ist. Jeder Mensch hat die Pflicht, Gott Gerechtigkeit zu erweisen, durch anbetende Verehrung und sittlich integres Leben, denn ausnahmslos jeder Mensch verdankt seine Existenz der Schöpferliebe Gottes, die ihn zudem fortwährend im Dasein erhält. Auch diejenigen, die dieser Pflicht wegen unüberwindlicher Unwissenheit oder anderer Faktoren nicht vollumfänglich nachkommen können, müssen sie zumindest im Rahmen des ihnen Möglichen erfüllen.

Die vom Liberalismus verheißene Freiheit und Autonomie sind nicht Wirklichkeit geworden. Sie können auch niemals Wirklichkeit werden, denn der Mensch ist nun einmal weder frei noch autonom, zumindest nicht in dem radikalen Sinne, wie das Konzept des Liberalmenschen wähnt. Der Mensch hängt von Gott ab. Die sittlichen Entscheidungen des Menschen finden keineswegs in einem moralischen oder intellektuellen Vakuum statt, sondern immer im Kontext der göttlichen Weltordnung. Für wirkliche, real existierende Menschen besteht authentische Freiheit nicht in der bloßen Abwesenheit von Zwang, sondern in der Übereinstimmung mit der Ordnung Gottes. Wird dies ignoriert oder geleugnet, gelangt man zum Götzendienst und seinem Korrelat auf moralischem Gebiet, nämlich zur Versklavung des Willens.

Der Säkularismus, den der Liberalismus impliziert, ist deshalb nicht bloß verkehrt; er ist eine üble Täuschung, ein Betrug. Schon das bloße Postulat einer weltlichen Sphäre, die zum höchsten und definitiven Gemeingut der Menschheit keinerlei Stellung bezieht, ist inkohärent und unmöglich. Niemand kann sich der Entscheidung für oder gegen Gott, die Gerechtigkeit oder die wahre Religion durch »Neutralität« entziehen, der Einzelne ebenso wenig wie eine Familie oder eine Gesellschaft.

In jeder Gesellschaft, auch der bestgeordneten, besteht aufgrund der Impulsivität und erbsündlichen Natur des Menschen ein gewisses Maß an Chaos und Unordnung. Ein völliges Vakuum (»Neutralität«) an Sinngebung bzw. an Hinordnung auf irgendetwas, was für das Gute und Richtige gehalten wird, kann u.a. deswegen keinen dauerhaften Bestand haben.

Liberalismus und Säkularismus haben unsere Kultur ausgehöhlt, wobei sie vorgaben, daß am Ende dieses Prozesses »die Freiheit« stehe. Stattdessen herrscht jetzt Desorientierung und ein größeres Chaos als je zuvor, weil nunmehr jeder Einzelne, jede Familie und jede Gemeinschaft auf der Suche nach Sinn, Werten und Letztverbindlichem unter Nutzung der vorhandenen Optionen auf stückwerkhafte Surrogate zurückfällt.

Der Liberalismus nimmt Säuberungsaktionen vor, mit denen er alte Wahrheiten beseitigen will, doch damit ist er noch nicht am Ziel: Neue »Wahrheiten« werden etabliert, an denen die Menschen ebenso zäh festhalten wie an den alten. Genauso verfährt der Säkularismus auf religiösem Gebiet: Die wahre Religion soll verdrängt werden, statt ihrer sollen neue Religionen und Kulte das individuelle und soziale Leben regeln.

Die »befreite Gesellschaft« ist somit ganz und gar nicht zum Paradies der Selbst-Entwürfe und Selbst-Verwirklichungen geworden, sondern lediglich der freien Verfügbarkeit neuer, alles andere als wohlwollender »Götter« überantwortet.

Wer bzw. was sind die »Götter« der heutigen Gesellschaft? Zu nennen sind hier die Verhaltensweisen und gesellschaftlichen Strömungen, die nicht kritisiert werden können, ohne umgehend den Vorwurf der »Diskriminierung« hervorzurufen – an die Stelle des Begriffes der Gotteslästerung ist im Säkularismus derjenige der »Diskriminierung« getreten. Regelmäßig wird dieser Vorwurf z. B. zur Verteidigung bestimmter Formen geschlechtlicher Betätigung erhoben; sie seien, wie mantrahaft wiederholt wird, stets in Ordnung, sofern sie »einvernehmlich und zwischen Erwachsenen« stattfinden, und niemand dürfe es wagen, dies infrage zu stellen. Doch ist dies nicht die einzige Lästerung, derer man sich gegen die Götzen der heutigen Gesellschaft schuldig machen kann: Wer etwa einer Konferenz von führenden Geschäftsleuten sagt, daß nicht jeder Profit, den sie sich auf »legale« Weise aneignen können, deswegen auch moralisch legitim ist, hat mit einem ähnlichen Unverständnis wie ein Atheist zu rechnen, der im Mittelalter einem Christen begegnet wäre. (Übrigens sind Unkeuschheit und materielle Gier, wie seit jeher bekannt, eng mit einander verknüpft, doch dazu später mehr.)

Die vielleicht am weitesten – besonders bei Eltern – verbreitete Form des Götzendienstes der heutigen Gesellschaft ist der Kult des Erfolges. Erfolgsstreben, sei es auf sportlichem, akademischem, musikalischem oder anderem Gebiet, wird gesellschaftlich honoriert. Das Motiv des Strebens nach Erfolg besteht aber in der säkularistischen Gesellschaft regelmäßig nicht darin, wirklich herausragende Leistungen zu erzielen oder etwas Konstruktives zuwege zu bringen, sondern in Prestige und sozialem Aufstieg. Dies steht mit den heutigen Gesellschaftsverhältnissen insofern in Zusammenhang, als jetzt oft der Eindruck entstehen kann, langfristige ökonomische Absicherung hänge davon ab, sich die jeweils »besten« Plätze zu sichern: der »beste Platz im Kindergarten», das »beste Sportprogramm« usf. Doch ist auch dies Ausdruck von Götzendienst: Das, was für wertvoll gehalten wird, wird in Form von Ansehen und Reichtum vergolten; alles übrige wird deshalb ohne jede Rücksicht darauf ausgerichtet – bis dann jedem, der nicht bereits reich und angesehen ist, der Zugang zu diesen »Gütern« verwehrt ist. Für die ökonomisch und kulturell Benachteiligten bedeutet dies, daß sie schließlich vollends isoliert werden und sogar der Mittel verlustig gehen, sich auch nur notdürftig am Leben zu erhalten.

Jeder echte Götze fordert als »Gegenleistung für Erfolg« ein ritualisiertes Opfer, und so geschieht es auch hier. Zuerst das persönliche Opfer, menschliche Beziehungen, die dem »Erfolg« hinderlich sind, aufzugeben oder erst gar nicht einzugehen. Eine entsprechende »liturgische Formgebung«, die hierfür im Säkularimus gebräuchlich ist, besteht einstweilen darin, mit jemandem »Schluß zu machen«, falls es sich zeigt, daß diese Beziehung mit der geplanten Karriere »inkompatibel« ist. (Ein Gegenstück dazu sind die aufwendigen, aber in geschlossener Gesellschaft stattfindenden Hochzeitsfeiern gesellschaftlicher Aufsteiger; hier wird ein weiterer »Geschäftserfolg« vertraglich besiegelt.) Nicht zu vergessen ist das Opfer der schönen Stunden im Familien- und Freundeskreise; vor allem Kindern wird so von Anfang an vor Augen geführt, worauf es für Erwachsene wirklich ankommt.

Indes werden die Kinder auch selbst als Opferelemente eingesetzt. Diese spezifische Art des Opferkultes wird in der säkularistischen Gesellschaft immer mehr als integrierender Bestandteil des Gesundheitswesens behandelt. Im Jahre 2019 unterzeichneten einige Dutzend Unternehmensleiter einen Offenen Brief, veröffentlicht als Anzeige in einer landesweit erscheinenden Tageszeitung, worin ausdrücklich behauptet wurde, freier Zugang zu »legalen« Abtreibungen sei eine unentbehrliche Grundlage ihrer Geschäftstätigkeit. Hier wurde nur das ausgesprochen, was längst offenkundig ist: Der säkularistischen Gesellschaft liegen ein »Erfolg« und ein »Wohlstand« zugrunde, die dazu legitimieren, diejenigen zu eliminieren, die diesen Götzen im Wege stehen und zu schwach sind, ihr Leben zu verteidigen.

Die Abtreibung, der Mord an Kindern im Mutterschoß, nimmt zunehmend die Form eines dämonischen Pseudosakramentes an. Machenschaften wie das Projekt »Shout your abortion« (zu Deutsch etwa: »Schrei deine Abtreibung in die Welt hinein«), in dem Frauen dazu veranlaßt werden sollen, in den sozialen Medien kund zu tun, welche »Machterfahrung« und »Selbstbestätigung« die bei ihnen vorgenommene Abtreibung vermittelt habe, zielen darauf ab, dieses Verbrechen immer mehr gesellschaftsfähig zu machen, zu einer Art von »Initiationsritus« anläßlich des Übergangs in eine pervertierte »Selbstständigkeit«, zu einer wahrhaft satanischen Parodie des Meßopfers, in der die hingeschlachteten Kinder verbrannt oder der »Biomedizin« überantwortet werden. Wenn die Grundlage einer Gesellschaft nicht im unblutigen Opfer der Messe besteht, dann in anderen Opfern, die der Grausamkeit der Azteken in nichts nachstehen.

❧

Die Religion prägt die Gesellschaftsordnung auch dadurch, daß sie (Einzelnen oder Gruppen) Identität verleiht. Säkularistische »Identitätspolitik« ist daher ein weiteres Symptom dafür, daß das Christentum seine kulturprägende Kraft zusehends zugunsten des Liberalismus einbüßt, der seinerseits neuen »Glaubenssätzen« Raum schaffen will, die einengender und restriktiver sind als alles, an dessen Stelle sie treten sollen.

Diese Identitätspolitik macht sich eine echte Einsicht zunutze: Das Selbstverständnis eines Menschen hängt zu einem Gutteil von der gesellschaftlichen Atmosphäre ab. Daher ist Identität untrennbar mit der Politik als organisierte Weise menschlichen Zusammenlebens verbunden. Politische Interaktion einer Person – in unserem und jedem Lande – hängt zweifelsohne auch davon ab, ob sie z. B. weiblichen Geschlechts ist, einer Minderheit angehört oder direkter Nachkomme eines Immigranten ist. Wer leugnen wollte, daß Gegebenheiten wie die genannten von politischer Relevanz sind, würde damit die leibseelische Einheit des Menschen verneinen.

Säkularistische Identitätspolitik geht jedoch weit über solche Selbstverständlichkeiten hinaus. Geschlechtszugehörigkeit, Rasse, Nationalität usw. werden in steigendem Maße zum entscheidenden Faktor des persönlichen und politischen Lebens hochstilisiert; sie werden so zum einzigen interpersonalen und gesellschaftlichen Bezugspunkt. Ein Mensch wird jetzt *primär* als Repräsentant einer bestimmten Kategorie wahrgenommen (auch hier ist die Ironie unübersehbar, soll doch angeblich gerade umgekehrt menschliche Identität Ausdruck freigewählter Selbstbestimmung sein). Das, was die unaustauschbare Einzelpersönlichkeit und deren echte Gemeinsamkeiten mit anderen ausmacht, tritt dabei in den Hintergrund.

Was allen Menschen zutiefst gemeinsam ist, ist ihr Geschaffensein nach dem Bild und Gleichnis Gottes. Männer, Frauen und Kinder besitzen im Sinne des Naturrechts eine unverletzliche und unveräußerliche Würde. Dies in Theorie und Praxis anzuerkennen ist Teil der wahren Gottesverehrung. Die anderen Personen geschuldete Gerechtigkeit ist Teil der Gott geschuldeten Gerechtigkeit, mithin Teil der Tugend der Religion. *Vergötzung* von Identitäten hingegen ist eine Folge des allmählichen Verlustes der wahren Gottesverehrung.

Was für die säkularistischen Gesellschaften zutrifft, ist nicht minder für den Einzelmenschen wahr. Die Weigerung, sich dem lebendigen Gott zu unterwerfen – ihm die Anerkennung, Anbetung und den Dienst vorzuenthalten, die Erfordernis der Gerechtigkeit sind –, ist keine neutral-gleichgültige Entscheidung. Die Stellung zur eigenen, objektiven Realität und intellektuellen Freiheit bleiben davon nicht unberührt; innere Freiheit kommt überhaupt nicht zustande.

Eine der destruktivsten Doktrinen des modernen säkularistischen Liberalismus besteht in der Forderung, man solle nicht »übertrieben religiös« sein, vor allem nicht im öffentlichen Raum. Es könne in gewissem Maße respektiert werden, daß jemand sich in seinem Denken, innerhalb seiner Häuslichkeit oder eines Kirchengebäudes als religiös gebunden versteht, aber alles, was – darüber hinaus – eine Einflußnahme religiöser Positionen auf den bürgerlich-politischen Bereich bedeute, sei ganz zu unterbinden.

Es sei an die entgeisterten Reaktionen auf das Verbot der Erzdiözese Detroit im Jahre 2019 erinnert, Veranstaltungen des Jugendsports auf Sonntage anzusetzen. Kaum verhohlen von Einwänden logistischer Art, ging es in Wirklichkeit darum, die Geltung »religiöser Anschauungen« – wie des Dritten Gebotes Gottes – im bürgerlichen Bereich, so auch des Sports, in Abrede zu stellen. Werden Forderungen der Religion durch Initiativen von Einzelpersonen oder Gemeinschaften in die »religiös neutrale« Öffentlichkeit getragen, so wird dies als Übergriff empfunden, oder gar als das Gegenstück einer Profanierung – als unzulässige Sakralisierung dessen, was nur profan sein dürfe.

Hier kommt die rein subjektivistische und sektiererische Wesensart des Säkularismus zum Vorschein: Er will eine Trennung von Öffentlichem und Privatem erzwingen, die im Lichte der Lehre Christi als völlig verfehlt erwiesen ist. Der Säkularismus agitiert nicht nur in dem Sinne antireligiös, daß er den Glauben und die Glaubenspraxis praktisch hintansetzt, sondern die Tugend der Gottesverehrung grundsätzlich ausschließen will. Und wenn auch die dem Christkönig geschuldete Gerechtigkeit in ihrer praktischen Betätigung von mancherlei Umständen abhängt, so wäre ihre Nichterfüllung dort, wo sie eindeutig gefordert ist, einer Vergötzung sekundärer Güter gleichbedeutend. Sozialer Götzendienst ist somit eine Folge privaten Götzendienstes, so wie letzterer auch durch ersteren begünstigt wird.

Der Mensch und die Gesellschaft, die säkularistisch sein wollen, werden nicht befreit, sondern von neuen Göttern mit Beschlag belegt. Nimmt Jesus Christus in einer Menschenseele nicht den ersten Platz ein, dann wird dieser Platz von etwas anderem ausgefüllt, und hier sind viele Variationen möglich. Dem Teufel ist schließlich der wunde Punkt jedes Einzelnen wohlbekannt, und so liefert er einen Götzen, der für die jeweiligen Präferenzen gleichsam maßgeschneidert und damit auch am schwersten zu entlarven ist. Christus gewinnt einen Menschen immer durch Wahrheit und Liebe; seine Widersacher bedienen sich grundsätzlich der Lüge und des Zwangs. Christus ist ein König der Güte, seine »Konkurrenten« sind korrupte Tyrannen.

Papst Benedikt XVI. hat in diesem Zusammenhang von der »Diktatur des Relativismus« gesprochen. Sein Wegbereiter ist der säkularistische Liberalismus. Das gegenwärtige Herrschaftssystem will glauben machen, man müsse *zuweilen* säkularistisch handeln, womit gesagt wird, man muß zuweilen Götzendiener sein. Götzen sind indes unerbittlich, räumt man ihnen etwas ein, so erheben sie bald die Forderung, ihnen noch mehr zu geben; wer von ihnen einen

Zuwachs an Wohlstand, Autonomie, Vergnügen, Erfolg und Ansehen erwartet, von dem erwarten sie auch einen immer rückhaltloseren Dienst. Am Ende akzeptieren sie nur noch die Verehrung, das Opfer und die Anbetung, die von Rechts wegen einzig Jesus Christus gebühren.

Es besteht nun einmal keine nichtreligiöse Alternative zur wahren Religion. Die Wahl lautet nicht: Christus oder vornehm-säkularistische Neutralität, sondern: Christus oder seine Feinde.

❧

Die zeitgeschichtliche Situation bietet ein sonderbares Bild, und zwar in mehr als einer Hinsicht. Eines ihrer grundlegendsten Merkmale, das gleichwohl nicht ohne weiteres greifbar und offensichtlich ist, besteht in einer Diskrepanz objektiver äußerer Sicherheit und subjektiv wahrgenommener Stabilität.

Von den Wolkenkratzern Manhattans bis zu den Feldern Nebraskas, von den Vorstandsetagen Londons bis zu den Bauernhäusern in Polen spürt man allmählich, daß die gesellschaftliche Ordnung, wie sie jetzt gegeben ist, einen kritischen Punkt erreicht hat. Und dies, obwohl die westliche Welt seit Generationen eine Periode wirtschaftlicher und politischer Stabilität erlebt. Seit dem Ende des Zweiten Weltkriegs hat es Ausnahmen von dieser Regel gegeben – die transatlantischen Wirren des Jahres 1968, die schwierige Wiedereingliederung des Ostblocks, die bleibenden Auswirkungen der Rezession im Jahre 2008 –, in weltgeschichtlicher Perspektive indes zeichnen sich die letzten siebzig Jahre durch eine so zuvor noch nie gegebene Kontinuität von Sicherheit und Wohlstand aus.[43]

Ähnliches ist auch im Hinblick auf die derzeitige Mentalität von Einzelpersonen und Familien zu konstatieren: Viele Menschen verspüren ein Unbehagen an ihren materiellen Umständen, das in keinem Verhältnis zur Realität steht. Man meint, alles, was man besitze, sei im Grunde wertlos, alles könne zerbrechen, wenn man sich nicht noch mehr aneigne: ein größeres Haus, eine weitere »Beziehung«, eine lukrative Beförderung.

Paradox erscheint dies nur vom materialistischen Standpunkt, dem zufolge nur das von Bedeutung ist, was sichtbar und greifbar ist. Stellt man jedoch in Rechnung, daß der Mensch eine Seele hat, die dazu geschaffen ist, sich einer göttlichen und unveränderlichen Ordnung anzugleichen, und daß eine echte Harmonie von Leib, Geist und Gemeinschaft nur aus dieser Ordnung hervorgehen kann, dann wird das soeben geschilderte Phänomen sofort erklärbar: Untergeordnete Güter wie Wohlstand, Vergnügen und Selbstständigkeit bringen dem Menschen niemals wirklichen Seelenfrieden, sondern versetzen – als Götzen – das Innere des Menschen in Unordnung.

---

43 Die langfristigen Auswirkungen der »Coronavirus-Pandemie« des Jahres 2020 werden erst viel später erkennbar sein, aber wenn auch nicht ganz ausgeschlossen werden kann, daß künftige Historiker hier einen Anfang vom Ende der Periode des Wohlstands und der Stabilität verorten werden, so scheint dies im Augenblick noch unwahrscheinlich.

Kapitel 9: Ursprung und Wirkungen des Götzendienstes

Angenommen, jemand hat einen Lieblingsregisseur, z. B. Stanley Kubrick, Steven Spielberg oder Terrence Malick. Alle Filme des Lieblingsregisseurs schätzt er, und auch derjenige, der ihm am wenigsten zusagt, ist seinem Empfinden nach besser als diejenigen der meisten anderen Filmemacher.

Vielleicht hat der Betreffende auch einen bevorzugten Filmkritiker. Erscheint ein neuer Film, so ist dessen Rezension die erste, die er liest. Immer wieder stellt er fest, daß er mit dem Urteil des Filmkritikers ganz übereinstimmt, und daß dessen Kritiken ihm zum Verständnis von Filmen eine wertvolle Hilfe sind.

Was geschieht nun, wenn der erwähnte Regisseur einen allseits mit Spannung erwarteten neuen Film veröffentlicht, der Filmkritiker ihn aber für vollständig mißlungen hält? In diesem Fall muß eine Entscheidung getroffen werden. Wer von beiden ist kompetenter, wessen Autorität wiegt schwerer?

Jeder Mensch ist ständig mit der Notwendigkeit konfrontiert, solche Entscheidungen zu treffen. Meist handelt es sich um Alltagsdinge, mitunter aber auch um schwerwiegende Probleme. Die Frage lautet dann: Zu welcher Seite neigt sich das Urteil? Ein Arbeitskollege z. B., den man bislang für einen aufrichtigen Menschen gehalten hatte, gerät in Verdacht, unehrlich zu sein. Bleibt man bei seinem Urteil, das auf langjähriger Erfahrung beruht, oder ist dem Verdacht nachzugehen?

Jedes gegensätzliche Urteil von Autoritäten oder jeder scheinbare Widerspruch zu dem, dessen man sich zuvor sicher war, fordert zu einer Entscheidung darüber heraus, was überdacht werden muß oder was trotz allem eine feststehende, sichere Erkenntnis ist. Handelt es sich um die Beurteilung von menschlichen Sachverhalten, für die man Verantwortung trägt, kommt gewöhnlich die Tugend der Klugheit zum Tragen, wobei die Autoritäten und Sachargumente, die man hier in Betracht zu ziehen hat, ihrem Wesen nach kontingent und unvollkommen sind, also keine letztverbindliche Sicherheit ermöglichen. Indes kommt es auch vor, daß man Behauptungen von Autoritäten (Lehrern, Politikern usw.), unter Umständen aber auch eigene Meinungen auf ihre Stichhaltigkeit im Verhältnis zum Urgrund jedweder Wahrheit zu überprüfen hat. Und hier geht es um Religion.

Götzendienst findet seine Ausdrucksform in der Relativierung des Absoluten und der Verabsolutierung des Relativen. Wird bloßen Geschöpfen eine Art »allwissender« Autorität beigelegt (gewöhnlich solchen, deren Meinungen man schätzt) und die göttliche Offenbarung sowie das Naturrecht auf die Ebene rein kontingenter Autoritäten herabgesetzt, denen man im Bedarfsfalle den Vorzug gibt, so liegt darin eine völlige Verkehrung der Verhältnisse: Zufälliges wird zu unverrückbar Feststehendem, unverrückbar Feststehendes zu Zufälligem.

Hierin liegt nicht nur eine Verletzung der Gerechtigkeit, die der Mensch Gott als dem Quell der Wahrheit schuldet, sondern es wird auch der Weg ins Chaos beschritten, denn menschliche Fehlauffassungen ändern nichts an der Realität, wie sie nun einmal ist. Wird Gott geringgeachtet, so wird er deswegen nicht gering, und werden Götzen als Götter behandelt, so werden sie deswegen nicht zu Göttern. Wird die Wahrheit abgeschafft, folgt ihre Ersetzung durch einen lächerlichen Popanz.

Der hl. Thomas von Aquin stellt in seiner *Summa theologica* eine dem ersten Anschein nach ungewöhnliche Behauptung auf:

> Wird die Sünde des Götzendienstes an sich betrachtet, so ist keine Sünde schwerer. Denn wie im irdischen Gemeinwesen am schwersten sich verfehlt, wer königliche Ehren einem anderen erweist wie dem wahren Könige, weil er dadurch die ganze staatliche Ordnung verkehrt, so ist unter den Sünden, welche unmittelbar gegen Gott sich wenden, also unter den größten, die größte der Götzendienst, weil der Götzendiener sich einen anderen Gott macht und so den göttlichen Vorrang vermindert.[44]

Zu beachten ist, daß der hl. Thomas im nächsten Satz hinzufügt, daß Götzendienst oft mehr aus Unwissenheit denn aus Bosheit geschieht, weswegen in solchen Fällen die Sünde subjektiv nicht in vollem Maße zurechenbar ist. Aber er lehrt ganz klar, daß objektiv gesprochen die Sünde des Götzendienstes die schwerwiegendste ist; dabei stellt er einen treffenden Vergleich an.

Fast jedem, der in einer demokratischen Gesellschaftsordnung aufgewachsen ist, wird es beinahe als unbegreiflich erscheinen, daß die einem König vorbehaltene Ehrbezeugung,

---

44 Aquin, Thomas von: *Summa Theologiae*, II-II, q. 94, a. 3.

die einem anderem erwiesen wird, ein schweres Vergehen darstellen soll, geschweige die »schwerste Verfehlung am irdischen Gemeinwesen«. Weil aber der *Doctor angelicus* keine hohlen Phrasen macht, lohnt es sich, näher zuzusehen, was er meint.

Der eigentliche Zweck staatlicher Autorität besteht, wie bereits erwähnt, im Gemeinwohl, das seinerseits als harmonischer Friede, der aus wahrer Gerechtigkeit hervorgeht, definiert wird. Friede und Gerechtigkeit sind dauerhaft nur innerhalb einer ganzheitlichen Ordnung gegeben, näherhin in der Übereinstimmung einer Gesellschaft mit der Ordnung Gottes. Wiewohl nun die einem Falschadressaten erwiesene königliche Ehre keine unmittelbaren gesellschaftlichen Verwerfungen zur Folge haben mag, so stellt sie dennoch einen Angriff auf das Herzstück der Gesellschaft dar.

Götzendienst ist nicht dem Diebstahl oder Mord gleichzusetzen, allein er ebnet diesen Verbrechen den Weg, da er die Autorität des Gesetzgebers untergräbt und dem Volk nahelegt, es könne erlaubterweise nach eigenem Gutdünken Privatvorstellungen und -interessen folgen, und zwar zulasten des Gemeinwohls.

Götzendienst hat, so wie die natürliche und übernatürlich geoffenbarte Religion, innere und äußere Aspekte. Dasjenige, was den Menschen in seinem Denken beschäftigt, was er dort hochschätzt und anbetet, wirkt sich notwendig auf sein Handeln aus. Es kann nun – meist nur für kurze Zeit – geschehen, daß die inneren und äußeren Haltungen eines Menschen bezüglich dessen, was er verehrt, nicht miteinander übereinstimmen. Dies ist z. B. dann der Fall, wenn äußere Religionsübungen beibehalten werden, zu denen der Mensch sich in seinem Inneren nicht mehr bekennt, oder wenn äußerlich an einem Götzenkult – bei innerem Festhalten am wahren Glauben – teilgenommen wird. Der hl. Thomas merkt dazu an, daß durch solches Tun der äußeren Sünde des Götzendienstes die Unehrlichkeit hinzugefügt wird. Inneres und Äußeres sollen miteinander übereinstimmen, für gewöhnlich ist dies schlußendlich auch der Fall.

In Anwendung auf den Bereich des bürgerlichen Lebens bedeutet dies: Ein Fehlverhalten hinsichtlich der Ehrung des Königs ist nicht deswegen relevant, weil nur vor dem falschen Mann der Hut gezogen wird, weil eine rein mentale Gering- oder Überschätzung des Königs vorliegt, sondern weil eine (Fehl-)Orientierung der Person in ihrer leibseelischen Einheit stattfindet. Es geht darum, wie ein Mensch sein Verhältnis zum politischen Gemeinwesen begreift, worunter nicht einfachhin die Regierung, sondern die politische Gemeinschaft als ganze zu verstehen ist: Staatslenker ebenso wie einfache Bürger, ganz kleine Kinder wie auch Greise. Es geht um die Frage: Ist der Mensch Mitglied einer Gemeinschaft, die einem Gemeinschaftsgut verpflichtet ist, zu dem er durch seine Handlungen und Haltungen beitragen soll (einschließlich der Ehrung der Autoritätsträger), oder ist er sich in monadenhafter Isolation selbst Gesetz, niemandem als sich selbst verantwortlich?

Die Fehlleitung der geschuldeten Ehrerweisung ist deswegen dem Gemeinwohl langfristig weitaus abträglicher als einmaliger Diebstahl (oder sogar Mord), weil sie den bewußten Selbstausschluß aus der Gemeinschaft beinhaltet – und, sofern diese nach außen kundgetan wird, eine Aufforderung auch an andere Personen darstellt, ein gleiches zu tun. Der dann eintretende Zersetzungsprozeß betrifft nicht nur die Einzelnen, die dann einfach ihren eigenen Vorlieben folgen würden. Vielmehr gilt für diese Situation des Götzendienstes die Prognose – ob man sie nun vom Standpunkt der natürlichen Religion oder übernatürlichen Religion beurteilt –, daß sich nun neue Gemeinschaften bilden. Diese haben ihre eigenen Prioritäten und Gerechtigkeitsbegriffe, die indes miteinander im Widerstreit stehen. Die Harmonie, die einmal Grundlage von Gerechtigkeit und Frieden war, ist jetzt zerstört; die Verbindlichkeit jedweden Gesetzes steht fortan zur freien Disposition.

Dieser Denkansatz ist in liberalistisch-demokratischen Gesellschaften nur schwer vermittelbar, denn dort gilt ein gewisses Maß an Abneigung und auch offener Respektlosigkeit gegenüber den Regierungsvertretern als selbstverständlich. Aufgrund freier Wahlen werden Personen, die dem Volk nicht mehr genehm sind, aus Amt und Würden gejagt. Jedoch kann man sich leicht vorstellen, was eintreten würde, wenn sich Gruppen formieren würden, die der Meinung sind, Gesetze hätten für sie keine Geltung. Der hl. Thomas hatte recht in dem, was er über eine »Verkehrung der ganzen staatlichen Ordnung«[45], die nur schlimme Folgen haben kann, geschrieben hat.

45 Ebd.

Der Mensch gewöhnt sich, wie man sagt, an alles; so auch an Dinge, die ihm als unmöglich erscheinen, bis sie ihm selbst widerfahren. Diese Dinge können gut oder schlecht sein. Eltern, die viele Kinder haben, gewöhnen sich an einen Geräuschpegel und ein Durcheinander, das ihnen zuvor als undenkbar erschienen wäre. Häftlinge gewöhnen sich an die menschlichen Erniedrigungen, die das Gefängnisleben mit sich bringt, nicht selten tragen sie sogar dazu bei. Auch diejenigen unter ihnen, die letzteres nicht tun, gewöhnen sich an die Zustände, die ihr tägliches Umfeld ausmachen, und werden so auf ihre Weise davon geprägt.

Beinahe überflüssig zu erwähnen sind die vielen historischen Fälle, in denen sich ganze Völker an institutionalisierte Barbarei gewöhnt und sie manchmal sogar gutgeheißen haben. Es währt nicht allzu lange, bis neue Gegebenheiten als »normal« empfunden werden und damit zur »Norm« geworden sind.

Mit dem Götzendienst geht es ebenso. Selten nur widmet sich jemand vollbewußt dem Dienst eines Götzen, ob nun im eigentlichen Heidentum oder, was näherliegt, »subtileren« Götzenkulten wie denen des Sexualismus, des Geldes oder der Macht. Aber ehe man sich's versieht, ist man ihnen anheimgefallen.

Jemand könnte sich einreden, er schließe nur einen einmaligen Kompromiß mit dem Bösen, wenn er die Gelegenheit hat, auf unredliche Weise zu etwas Geld zu kommen oder einigen Bekannten dabei zu helfen. Doch in Wirklichkeit verhalten sich die Dinge anders. Man gewöhnt sich rasch an einen Lebensstil, den man sich nur aufgrund von Betrug erlauben kann. Beim nächsten Mal kommt einem die Sache schon viel weniger tragisch vor, und alsbald hat man sein Leben darauf eingerichtet. Man besucht anläßlich eines »Junggesellenabschieds« ein übles Lokal. Wird man das nächste Mal gefragt, ob man mitgehen wolle, so schließt man sich nicht gerne aus. Schließlich stellt sich heraus, daß es sich diesmal um ein Bordell handelt; doch nachdem man nun schon einmal so weit gegangen ist, was liegt dann schon daran, noch etwas weiter zu gehen?

Alles, was über Biologie und menschliches Seelenleben bekannt ist, zeigt, wie sich Götzendienst zu einer psychischen und körperlichen Gewohnheit auswächst. Das vielleicht schlagendste Beispiel ist die weite Verbreitung der Pornographie. Es ist hinlänglich bekannt, daß der rauschhafte Gemütszustand, den Pornographie wie jede beliebige Droge hervorruft, mit der Zeit immer schwerer erreicht werden kann. Infolgedessen greifen die der Pornographie Verfallenen zu gewalttätigen und stets abartigeren Darstellungen, um zu einem Lusterlebnis zu gelangen. Fast unbemerkt wird das, was noch vor kurzem als ekelerregend empfunden worden wäre, zu einer Alltäglichkeit.

Der hl. Thomas von Aquin nimmt in seinen Ausführungen zum Götzendienst auf das 14. Kapitel des *Buchs der Weisheit* bezug, wo man liest:

> Denn die Verehrung der unseligen Götzen ist alles Übels Ursache, Anfang und Ende.
> Sie rasen, wenn sie sich ergötzen, oder weissagen doch Lügen oder leben ungerecht oder schwören unbedenklich Meineide.

Denn da sie auf leblose Götzen vertrauen, befürchten sie nicht Schaden zu leiden, wenn sie falsch schwören. (Weish 14,27–29)

Der Götzendienst ist also allen »Übels Ursache, Anfang und Ende«. Er ist Anfang, weil man sich des Götzen wegen zur Sünde entschließt. Er ist Ursache, weil das Scheingut, das der Götze verheißt, zur Sünde antreibt. Er ist Ende, weil das Ergebnis dessen, wozu der Götze anreizt, in der Sünde besteht.

Zu beachten ist ferner die Hervorhebung des »falschen Schwörens«. Als »Bundeseid» ist der Schwur Grundlage der Familie des auserwählten Volkes und jeder menschlichen Familie, somit Grundlage der ganzen Menschheitsfamilie. Falschen Göttern zu schlechten Zwecken zuzuschwören ist eine weitere Weise, in der der Götzendienst den Menschen in Gegensatz zur Gemeinschaft bringt, denn dauerhafte Harmonie einer Gemeinschaft ist eine Unmöglichkeit, wenn Eide unverläßlich werden oder zu üblen Zwecken abgelegt werden.

Während Götzendienst am Anfang jeder Sünde steht, sind bestimmte Neigungen eines Menschen besonders geeignet, ihn zum Götzendienst zu verleiten. An erster Stelle ist hier die Habgier zu nennen, die eine schwere seelische Unordnung darstellt.

Die Habgier ist es, die die Relativierung des Absoluten und die Verabsolutierung des Relativen ins Alltagsleben einführt. Strebt man in ungeordneter, gieriger Weise nach einem besonderen Gehalt, nach Urlaub, einem Wagen oder einer anziehend wirkenden Person, so bedeutet dies, Geschöpfliches über den Rang des Schöpfers zu erheben, insofern man die genannten Dinge oder Personen zu einem absoluten, höchsten Gut macht.

Es ist erlaubt, nach materiellen Gütern (z.B. Geld) zu verlangen, sofern dies in geordneter Form geschieht. Es ist deshalb an sich nichts dagegen einzuwenden, daß man ein höheres Gehalt oder bessere äußere Lebensbedingungen anstrebt. Als Habgier ist so etwas erst dann anzusprechen, wenn ein solches Verlangen *ungeordnet* wird, d.h. wenn die geschaffenen Dinge nicht eines höheren Gutes wegen (z.B. Bildungschancen für ein Familienmitglied, notwendige Erholung), sondern wegen des mit dem Besitz verbundenen Gefühl der »Macht« und gesellschaftlichen Auszeichnung gesucht werden. Der hl. Thomas von Aquin nennt Geld und Eigentum nützliche Güter (*bona utilia*), weil sie der Erreichung höherer Güter dienlich sind; sie zu einem »Zweck an sich« zu machen, würde bedeuten, sie so zu verstehen, als liege das eigentliche Glück des Menschen in ihnen, womit ihnen der Rang von Götzen verliehen würde.

Geht es um Personen, so ist die Wirkung der Habgier eine genau umgekehrte. Die Person, nach der der Habgierige verlangt, wird eher herabgesetzt als in besonderer Weise geschätzt: Die betreffende Person wird vor allem als »nützlich« behandelt, weniger als das Bild und Gleichnis Gottes, das sie in Wirklichkeit ist. Der götzendienerische Zweck, um dessentwillen man nach der Person verlangt – meist besteht er teils aus Lust, teils aus Machtwille –, ist dasjenige, was Gott gleichgeachtet wird. Hier liegt eine zweifache seelische Unordnung und Mißachtung Gottes vor: Die (natürliche bzw. übernatürliche) *Gottähnlichkeit* der Person wird ausgeblendet, während sie zugleich – *als bloßes Geschöpf* – auf den Rang Gottes gehoben wird.

Bei der Habsucht handelt es sich also um ein Laster, das der Tugend der Religion auf besondere Weise entgegengesetzt ist. Der hl. Thomas spricht sich über diesen Umstand nicht des näheren aus, sondern begnügt sich mit einer Andeutung, wenn er schreibt, daß Habgier eine Sünde ist, »insoweit wegen eines zeitlichen Gutes das ewige Gut verachtet wird.«[46] Habgier ist eine Sünde gegen die Gott geschuldete Gerechtigkeit und stellt deswegen ein Übergangsstadium zum Götzendienst dar, der hinwiederum die Habgier tendenziell verstärkt.

So wie Götzendienst und Habgier zusammenwirken und das Seelenleben in Unordnung bringen, bewirken sie auch gesellschaftliche Unordnung. In einem bestimmten Sinne entspricht die Habgier auf gesellschaftlicher Ebene dem privaten Götzendienst. Der jeweilige Privatvorteil wird für das wichtigste gehalten, und so entfaltet sich ein grausames Spiel der Habgier, in dem einer dem anderen den Garaus machen will.

Zuweilen wird angenommen, das von Habgier geleitete Interesse an Gütern und Personen sei lediglich eine persönliche Sünde ohne weitere Konsequenzen, sofern sie nicht An-

---

46 Aquin, Thomas von: *Summa Theologiae*, II-II, q. 118, a. 1.

laß zu Betrug, Diebstahl oder ähnlichem wird. Das ist aber ein Irrtum, denn so wie sich die innere Sünde des Götzendienstes durch entsprechende äußere Handlungen auszudrücken pflegt, so wirkt sich auch die innere Habgier in sozialer Unordnung aus.

Der hl. Thomas bestätigt die Lehre des hl. Gregors des Großen, wenn er erklärt, daß Habgier mannigfache Übel hervorbringt: »Verrat, Trug, Täuschung, Meineid, Unruhe, Gewalttätigkeit, Hartherzigkeit gegen Arme.«[47] Diese Feststellung ist offenbar richtig: Die Vergötzung kreatürlicher Güter wirkt sich in den vom hl. Thomas genannten, der Gesellschaftsordnung schädlichen Lastern aus.

Verrat: Man verleugnet seine Freunde und redet ihnen übel nach, um sich in ein besseres Licht zu setzen. So opfert man sie gleichsam dem Götzen des gesellschaftlichen Ansehens. Zugleich wird damit das Ideal echter und hingebender Freundschaft unterhöhlt.

Trug und Täuschung: Andere Personen werden hintergangen, um zu materiellen Gütern zu kommen. So wird dem Götzen des Reichtums gehuldigt. Das zwischenmenschliche Vertrauen, ohne das gesellschaftliches Zusammenleben eine Unmöglichkeit ist, wird zerstört.

Meineid: Falsches wird eidlich bekräftigt, eidlich Versprochenes von vornherein nicht beabsichtigt. Das Ziel des Meineids kann im Tribut an mehr als einen Götzen bestehen. Auf diese Weise wird u.a. die Zuverlässigkeit von Verträgen erschüttert, und ohne solche ist keine menschliche Gesellschaft überlebensfähig.

47 Aquin, Thomas von: *Summa Theologiae,* II-II, q. 118, a. 8.

Unruhe: Unzufriedenheit mit den Personen des persönlichen Umfeldes und mit dem, was man besitzt, als Dauerzustand. Ruhiges Vertrauen und stille Dankbarkeit gegenüber Gott werden so zur Unmöglichkeit, stattdessen wird der Mensch von seinen Götzen gehetzt.

Gewalttätigkeit: Jeder unterwirft sich dem Götzen der Macht und nötigt mit physischem oder psychologischem Zwang die anderen, sich seinem Willen zu unterwerfen. Das Gemeinwohl, das für alle bestimmt ist, wird in keiner Weise berücksichtigt, sondern in Scherben geschlagen.

Hartherzigkeit gegen Arme: Die Götzen des Besitzes nehmen einen Menschen in einer Weise ein, daß er schon der bloßen Vorstellung, anderen unentgeltlich Gutes zu tun – materiell oder auch geistig, z. B. auch nur durch einige freundliche Worte –, mit Reserviertheit, wenn nicht mit Haß gegenübersteht.

Eine Zusammenschau all dieser Folgen der Habgier zeigt, daß in ihr eine Entfremdung gegenüber den Mitmenschen liegt. Der Habgierige wird seiner Familie, seinen Freunden und der Gesellschaft fremd, indem er sich auf seine Interessen fixiert; die anderen Personen und ihre Interessen treten überhaupt nicht ins Blickfeld. Entfremdung von den Mitmenschen hat eine destruktive Wirkung auf das soziale Vertrauen, sowohl geschäftlich als auch familiär. Auch findet eine Entfremdung gegenüber Gott statt, indem Verachtung Gottes und Vergötzung von Reichtum, Vergnügen und Macht zur institutionalisierten Norm wird.

Es ist eine unleugbare Tatsache: Es gibt kein Herauswinden aus der Todesspirale von Götzendienst und Macht, zumindest nicht mit natürlichen Mitteln. Bleibt der Mensch sich selbst überlassen, wird sein Denken und Handeln einzig darauf gerichtet sein, immer neue und immer grausamere Götzenbilder zu errichten, um ihnen seine Reverenz zu erweisen. Er wird auch immer neue Mittel und Wege zur Befriedigung seiner Habgier ersinnen. Die Menschheit befindet in sich in einem Abgrund, aus dem sie von sich aus nicht mehr herauskommt, und die einzige Richtung, die sie ohne äußere Hilfe einschlagen kann, ist die nach unten.

Die gute und beglückende Nachricht aber ist: Es gibt jemanden, der dem Menschen seine rettenden Hände entgegenhält, der immer bereit ist, jeden Menschen und auch die ganze Gesellschaft aus ihrer Grabeshöhle emporzuziehen: Die Rettung, die nur in Jesus Christus liegen kann, nimmt auch bei ihm und durch ihn ihren Anfang, wenn der Mensch nur die ausgestreckten Hände des Erlösers ergreifen will. Christus vermag die durch die Sünden geschlagenen Wunden der menschlichen Seelen zu heilen und ihnen seine strahlend schöne, harmonische, friedliche Ordnung zu geben. Die schwachen und unvollkommenen Versuche der Menschen, sich Christus in anbetender Ehrfurcht zu nähern, die von sich aus nie genügen können, werden von ihm selbst ergänzt, und so gelangt der Mensch zu wahrer Gerechtigkeit.

Solange es die Menschheit ablehnt, die Hände ihres Erlösers und wahren Königs zu ergreifen, wird die gottwidrige und gesellschaftszerstörende Ungerechtigkeit, verstärkt noch durch Habgier, das Szepter führen. Ohne Jesus Christus wird es in den Seelen und Gemeinwesen niemals echten Frieden, wirkliche Gerechtigkeit und wahres Glück geben. Das ist die Tatsache, an der sich das Schicksal der Welt entscheidet.

Kapitel 10: Säkularismus ist ein Unrecht

Letztgültiges Symbol der Gerechtigkeit ist das Kreuz. Auf Golgotha ereignet sich ein kosmischer Zusammenprall des Natürlichen und des Übernatürlichen; des Schmerzes, der Liebe und der Gnade. Hier wird der ganzen Menschheit vor Augen gestellt, was Gott für sie tut, und was sie Gott für diese Liebestat schuldig ist.

Das Kreuz ist keineswegs bloßes Symbol einer »Weltanschauung«, eine Art Marken- oder Erkennungszeichen aller Christen weltweit. Das Kreuz ist die zentrale Wirklichkeit jedweden Menschseins. Es ist der Schnittpunkt aller Realitäten: des Zeitlichen und des Ewigen, des Subjektiven und des Objektiven, des Guten und des Bösen, des Menschlichen und des Göttlichen. Es verleiht allem einen Sinn, allen Entscheidungen, Handlungen und Dingen ihren Wert, es ist Zweck und Ziel der Schöpfung.

Das Kreuz ist deshalb ein unauslotbares Wahrzeichen der wichtigsten Wahrheiten, die für die Welt und die Realitäten menschlicher Existenz maßgebend sind. Die beiden Kreuzesarme stehen gleichsam für die zwei Ebenen der Gerechtigkeit, denen der Mensch verpflichtet ist: Der vertikale Kreuzesarm weist auf die Gerechtigkeitspflichten des Menschen gegenüber Gott hin (die Tugend der Religion), der horizontale verweist auf die zwischenmenschlichen Gerechtigkeitspflichten (namentlich die distributive und kommutative Gerechtigkeit, welche die Grundlage der Gesellschaft sind). Das Kreuz veranschaulicht aber noch etwas: Der horizontale Balken wird vom vertikalen getragen. Die Beziehungen, die ein Mensch zu anderen Menschen hat, müssen, sollen sie stabil und gerecht sein, auf der gemeinsamen Beziehung zu Christus beruhen. Steht der vertikale Balken schief oder ist er wurmstichig, so gerät auch der horizontale in eine Schieflage bzw. hat keinen wirklichen Halt. Innerweltliche Gerechtigkeit hängt von der Gerechtigkeit ab, die der Einzelmensch und die Gesellschaft Gott gegenüber übt.

Gerechtigkeit hat Kreuzesform. Wird dies vergessen oder ignoriert, dann verliert Gerechtigkeit den eigentlichen Bezugspunkt.

Man pflegt zu sagen, die beiden einzigen Gewißheiten des Lebens seien die Steuern und der Tod. Zu diesen Gewißheiten zählen aber außerdem die ethischen und politischen Diskussionen über das Gesundheitssystem. Daß dem so ist, ist sicher zu begrüßen, denn kaum ein Thema hat eine so wesentliche Bedeutung für die soziale und ökonomische Gerechtigkeit, wie das Gesundheitswesen. Freilich handelt es sich hier auch um ein Problem, dessen Lösung nicht leichtfallen kann. Die verzwickte Frage des Gesundheitswesens ist ein bezeichnendes, wenn auch unerquickliches Beispiel dafür, daß natürliche Gerechtigkeit ohne die übernatürliche Tugend der Religion kaum leistbar ist.

Die Kirche schärft das Prinzip ein, daß freizugängliche Gesundheitsversorgung ein Menschenrecht ist. Des näheren kann gesagt werden, daß der Zugang zu solider medizinischer Versorgung, welche die Grundlage für ein angemessenes Lebens und den Lebenserhalt bildet, von der Würde gefordert wird, die Gott dem Menschen gegeben hat. Darüber hinaus ist die Gewährleistung medizinischer Versorgung keine rein private, sondern soziale Aufgabenstellung. Sie fällt in die Kompetenz einer öffentlichen Autorität, die das soziale und ökonomische Leben so ordnet, daß die zwischenmenschlichen Gerechtigkeitspflichten effizient – und auch mit Empathie – erfüllt werden können.

Es bedarf nun keiner besonderen politologischen Kenntnisse, um zu sehen, wie gefährlich es im Kontext der heutigen Zeitsituation ist, das Gesundheitswesen zivilen Autoritäten zu überlassen. Hier geht es wohlgemerkt nicht bloß um jährliche Routineuntersuchungen oder harmlose Kinderkrankheiten. Bei der Frage, wer im Gesundheitssystem verbindliche Entscheidungen zu treffen hat, geht auch es um die Zu- oder Aberkennung von Lebensrecht. Entschieden wird unter Zuhilfenahme komplexer Kriterien zu künstlicher Ernährung, Heilungsprognosen, Verhältnismäßigkeit des therapeutischen Aufwands, Grundfragen der Menschenwürde. Dabei ist es ein offenes Geheimnis, wie die Exponenten des säkularistischen Liberalismus über das denken, was das Leben lebenswert macht: In ihrer Sicht der Dinge sind dies Autonomie, Produktivität und Genuß. All dies wird zusehends – bzw. ist bereits – ein Maßstab, wem welche medizinische Versorgung zu gewähren oder auch zu verweigern ist.

Medizinische Versorgung von Personen, die als nutzlos betrachtet werden (im Jargon des Liberalismus wird dies mit »Minderung der Lebensqualität« der Betreffenden umschrieben), wird immer mehr als unzulässige Inanspruchnahme staatlicher Ressourcen eingestuft. Abtreibung und Euthanasie werden mit öffentlichen Mitteln gefördert, versteht sich; amtlich werden die Voraussetzungen festgelegt, welche »anerkannte« Betreiber dieses blutigen Geschäfts zu erfüllen haben. Will man schließlich seine ganze Zeit und Energie der Wirtschaft und dem Staat widmen, sind Belastungen durch kleine Kinder, alte und schwerkranke Menschen schlicht und einfach unerträglich. Darum: »Weg damit! So wird auch Steuergeld gespart.« – Papst Franziskus nannte diese Geistesverfassung »Wegwerfkultur«.

Diese irrsinnigen Vorstellungen darüber, was Menschenleben und -würde bedeuten, sind das Ergebnis des verqueren Standpunktes, den die moderne Welt Christus gegenüber einnimmt. Die liberalistische und säkularistische Gesellschaft lehnt es prinzipiell ab, sich an der gottgesetzten Ordnung auszurichten, und deswegen wendet sie sich unvermeidlich materialistischen, d.h. letztlich utilitaristischen Lebensauffassungen zu. Man läßt sich allenfalls zum Zugeständnis herbei, daß Christus »möglicherweise« existiere, und gewisse Christen bedanken sich – in gelegentlich rührselig bis lächerlich wirkender Form – dafür, daß ihnen gütigst zugestanden wird, an Christus zu glauben. Selbstverständlich bringt eine derartige Haltung die Tugend der Religion und die gesellschaftliche Gerechtigkeit keinen Zoll weit voran. Um sich für letztere wirksam einzusetzen, ist es unerläßlich, daß Christus rückhaltlos anerkannt wird, weiterhin, daß unsere Pflichten in ihm ihren Ursprung und ihr Ziel haben, und daß diese Pflichten für jedermann gelten, nicht nur für diejenigen, die ihnen persönlich »den Vorzug geben«.

Es zeigt sich also, daß eine konkrete Gerechtigkeitspflicht – die staatliche Gewährleistung medizinischer Hilfe für alle – nur dann erfüllt wird, wenn andere wesentliche Erfordernisse der Gerechtigkeit nicht verletzt werden. Das aber *de facto* ist nur dann möglich, wenn die Gnade Gottes nicht nur von einzelnen, sondern von den Völkern und Nationen in Anspruch genommen wird. Die säkularistische Welt lehnt dies ab, und so zeigt sich in ihr notwendigerweise, daß bei Weglassung der Vertikalen die Horizontale keinen Bestand hat. Wird das Streben nach Gerechtigkeit (gegenüber Gott und Menschen) dem heilenden Einfluß Christi entzogen, wendet sich der Mensch Gütern sekundärer Ordnung zu, und zwar regelmäßig in ungeordneter Weise.

❧

Der bedeutende und zutiefst destruktive Beitrag David Humes zur modernen Philosophie besteht in der These, die menschliche Vernunft stehe ganz im Dienste des Genußstrebens. Der schottische Philosoph, der im 18. Jahrhundert lebte, war der Meinung, daß das Denken des Menschen nie zu streng logischen Schlußfolgerungen gelangt, sondern stets zu denen, die seinen vorgefaßten Wünschen entsprechen. Die Theorie Humes wurde zum Subjektivismus bzw. Relativismus weiterentwickelt: Wahrheitserkenntnis bzw. objektiv sichere Wahrheitserkenntnis sind diesen Auffassungen zufolge rundweg unmöglich.

Wurde die Erkenntnistheorie Humes auch zu üblen Zwecken verwendet, so enthält sie dennoch eine zutreffende Beobachtung. Es ist nicht von der Hand zu weisen, daß die menschliche Vernunft unter dem Einfluß von Leidenschaften steht. Man weiß das, was man wissen will. Grundlegend für das katholische Vernunftverständnis ist die Erkenntnis, die bereits Aristoteles formuliert hatte und vom hl. Thomas bekräftigt wurde, daß nämlich Wissen auf dem Verlangen nach Wissen beruht. Niemand strebt nach einem Wissen, es sei denn, er will dieses Wissen besitzen. Das Verlangen nach Wissen aber ist der Menschennatur von Gott eingestiftet.

Es ist, wie die katholische Philosophie und Theologie lehren, von größter Bedeutung, die Leidenschaften der Vernunft unterzuordnen. Gott hat den Menschen mit vielen natürlichen Leidenschaften ausgestattet, aber der höchste Ausdruck der Ausrichtung auf Gott, die dem Menschen von ihm gegeben ist, ist die Vernunft. Die Gottesebenbildlichkeit des Menschen besteht vor allem in der Vernunft. Das bedeutet durchaus nicht, daß jede Leidenschaft schlecht oder zu unterdrücken wäre, oder auch daß sie keinen Einfluß auf die Vernunfttätigkeit hätte.

Der Mensch hat den Auftrag, sein Leben gemäß dem Wahren und Guten einzurichten und der Gerechtigkeit im persönlichen und gesellschaftlichen Bereich Geltung zu verschaffen. In der Reinheit seines Urstandes – der Urgerechtigkeit des Paradieses – war der Mensch vollkommen Herr der Leidenschaften, die der Schöpfer in seine Natur gelegt hatte. Vor dem Sündenfall lebten Mann und Frau in der zwischenmenschlichen Harmonie, die Gott für die ganze Menschheit gewollt hatte.

Auch heute noch, so lange Zeit nach dem Sündenfall, verlangt der Mensch nach Wahrheit, Tugend, Gerechtigkeit, der Tugend der Gottesverehrung. Der souveränen Ausgeglichenheit des Menschen wurde aber durch Sünde ein tragisches Ende bereitet. Das Gute, das der Mensch will, steht ihm jetzt nur noch verschwommen vor Augen, gleichsam im Nebel, und so kann es geschehen, daß es seinem Blick entschwindet, zumal er andere, niedriger stehende Güter deutlicher wahrnimmt. Der hl. Paulus bemerkt in diesem Zusammenhang: »Jetzt sehen wir durch einen Spiegel im Rätsel, alsdann aber von Angesicht zu Angesicht« (1 Kor 13,12).

Um seine Leidenschaften der Vernunft unterzuordnen, muß der Mensch diese – von allem Anfang an – unter das Kreuz Christi stellen. Das Verlangen, das den persönlichen und sozialen Beziehungen zu Christus und zum Nächsten Form geben soll, muß seinerseits durch Gehorsam geformt und durch die Gnade geheilt werden.

Ein modernes Vorurteil lautet, sämtliche Wünsche des Menschen entstiegen spontan einem Unterbewußtstein. Ohne erkennbaren Anlaß, so heißt es, machen sie sich geltend. Daraus wird abgeleitet, man habe das Recht, wichtigste Aspekte seiner Identität gemäß dem, was man fühle, festzulegen. Dieses Prinzip wird vor allem im Bereich der Geschlechtlichkeit angewandt: Erwägungen der Vernunft würden durchwegs durch unkontrollierbare Emotionen beeinflußt oder überwältigt, und so seien es die aus ihnen entstehenden Wünsche, welche »die eigentliche menschliche Identität« ausmachen.

Hierin liegt ein tragischer Irrtum. Selbstverständlich ein sehr populärer, denn er liefert stets die Legitimation, das zu tun, was einem gerade einfällt oder gar seine Identität entsprechend zu bestimmen. In Wirklichkeit wird solcherart den Mächtigen, z. B. Werbefachleuten und Politikern, Tür und Tor geöffnet, die Menschen am Angelhaken ihrer Wünsche aufzuspießen und zu eigenen Zwecken fehlzuleiten. So ist man dann z. B. überzeugt, der Wunsch, dieses oder jenes Schnellrestaurant aufzusuchen oder einem bestimmten Politiker das Wort zu reden, entstamme einem persönlichen, ureigenen Einfall.

Alle Wünsche eines Menschen, insbesondere der Wunsch, etwas zu verstehen, werden wie jeder andere Aspekt seiner Psyche von außen her beeinflußt. Stehen nun aber solche äußeren Faktoren in Übereinstimmung oder im Widerspruch mit den Anregungen, die Gott einem Menschen in die Seele gibt? Wird die soziale Umgebung eines Menschen den Ansprüchen Gottes gerecht oder steht sie lediglich im Dienste der ungeordneten Leidenschaften (also von Götzen) und führt damit in die Irre? Und wem gibt der Mensch dann Gehör?

Langfristig zeigt sich hier die Schlüsselfunktion des Gehorsams. Sowohl Erkenntnistrieb als auch Erkenntnisprozeß hängen in ihrer konkreten Betätigung davon ab, wer dem Menschen als glaubwürdige Autorität erscheint. Dies bedeutet nicht, daß der Mensch (notwendigerweise) zum willenlosen Werkzeug seiner Gewährsleute wird, wohl aber, daß er ihrem nachhaltigen Einfuß ausgesetzt ist. Genannt werden könnte die politische Meinungsbildung, die mindestens zu einem Gutteil davon abhängt, welche Informationsquelle jemand als vertrauenswürdig einschätzt.

Die inneren Wünsche eines Menschen sind daher nicht ausschließlich immanent-psychischen Befindlichkeiten zuzuschreiben oder rein willkürlich bestimmt. Sie hängen auch von äußeren Einflüssen ab, von Personen, denen der Mensch aufgrund der bei ihnen vorausgesetzten Redlichkeit Gehorsam leistet. In diesem Zusammenhang erweist sich einmal mehr die Wichtigkeit dessen, wie sich ein Mensch zur Tugend der Religion stellt. »Die Furcht des Herrn ist der Weisheit Anfang und den Heiligen erkennen ist Einsicht.« (Spr 9,10)

Erst dann, wenn ein Mensch sich und seine Wünsche Christus anvertraut, kann die heilende Gnade Christi in der Seele eines solchen Menschen wirken und in dem Maße, in der Mensch es zuläßt, zur übernatürlichen Gerechtigkeit geführt zu werden. Was also David Hume völlig außer acht ließ: Die menschlichen Leidenschaften können erhöht, geheilt und sogar zur Vollkommenheit geführt werden, und zwar durch ein übernatürlich-sakramentales Ordnungsgefüge, welches dem Menschen in der Kirche entgegentritt und zur Wirkung gelangt. Menschliches Denken und Verlangen können ganzheitlich und harmonisch der Liebe, dem Frieden und der Gerechtigkeit Christi gleichförmig werden und so ist der Mensch imstande, zu deren Hineinwirken in diese Welt beizutragen.

Wird hingegen die Wirkung, welche die Gnade Gottes immer für das öffentliche und soziale Leben entfaltet, ignoriert, folgen nicht Freiheit und Unabhängigkeit, sondern die Unterjochung durch eine ununterbrochene Reihe alles anderer als menschenfreundlicher Götzen, Potentaten und Demagogen. Zwar nötigt die Kirche niemanden zum Empfang der Sakramente, werden diese aber als »tolerierbare Gebräuche« einer weltanschaulichen Sondergruppe behandelt, so begründet ein solches Verfahren keine Form von Pluralismus, sondern Realitätsverweigerung.

Die Gnade, deren jeder bedarf, steht auch jedem zur Verfügung. Jeder Mensch bedarf der Kirche, und sie steht allen offen. Hier ist der Schnittpunkt der übernatürlich-vertikalen und natürlich-horizontalen Gerechtigkeit. Der Mensch schuldet Gott Verehrung, die dem Menschen durch Annahme der Gnade und Zusammenwirkung mit ihr ermöglicht wird, und so erst kann auf Erden der Friede Gottes begründet und erhalten werden. Ohne Mitwirkung mit der Gnade ist Friede eine Unmöglichkeit.

Insbesondere ist der Sonntag, der Tag des Herrn, ein Schnittpunkt der genannten vertikalen und horizontalen Formen der Gerechtigkeit. Hier liegen Kreuzungspunkt und Achse, um die sich das menschliche Leben und Wirken drehen soll, von der aus die gesamte Welt durch dem äußeren Anschein nach kleine Akte des Glaubens, der Hoffnung und der Liebe gestaltet werden kann.

Im Buch *Genesis*[48] kann der siebte Tag, an dem Gott ruhte, als ein Abbild der Gerechtigkeit gesehen werden, welche die Beziehung Gottes zu den Menschen kennzeichnet. Der Mensch ist weder eine Maschine, die sich unterbrochen in Betrieb befindet, noch soll er gänzlich in den Sorgen des Alltags aufgehen. Gott hat den Menschen zur Ruhe bestimmt, in der er Gott seine Zeit widmen kann. Die Sonntagsruhe ist also ein Element göttlicher und menschlicher Gerechtigkeit.

48 Der Sonntag (der *erste* Tag der Woche) nimmt im Neuen Bund als Tag des Herrn, an dem das Dritte Gebot zu erfüllen ist, die Stellung ein, welche im Alten Bund dem Sabbat zukam. An diesem Tag haben alle (nicht notwendigen) knechtlichen Arbeiten zu ruhen.

Am meisten kommt die Tugend der Religion in der Messe zum Ausdruck, in welcher das Kreuzesopfer unblutig erneuert wird. In dieser Opferhandlung, in der Christus selbst wirklich, wahrhaftig und wesentlich auf dem Altar gegenwärtig wird, bringt er sich als schuldlose, göttliche Gabe dar, ja reicht sich selbst zur Speise. Der Himmel wird in Zeit und Raum Gegenwart. Vielleicht wird dies mitunter so erlebt, als würde man lediglich die übliche Zeit Gott widmen, doch handelt es sich hier – objektiv gesprochen – um weitaus mehr. Diese eine Stunde kann zum Ausgangspunkt einer umfassenderen Heiligung des Tages des Herrn werden.

In der geheiligten Ruhe des Sonntags liegt ein Aspekt der – auch irdischen – Gerechtigkeit. Die Unterbrechung der knechtischen knechtlichen Arbeit, der Finanzgeschäfte und des beschwerlichen Lebens des Alltags ist nicht (nur) als ein Zugeständnis an die Grenzen der Belastbarkeit der Menschen, sondern als eine Anerkennung ihrer hohen Würde zu verstehen. Das gilt ganz besonders für die Armen, die Kranken und die Benachteiligten, denn der Mensch wurde nicht für das Wirtschaftswachstum oder zur ständigen Tätigkeit – bis zur völligen Erschöpfung – erschaffen. Der Mensch ist ein von Gott zu seiner Ehre geschaffenes Wesen, und so erheischt die Gerechtigkeit nicht die Zeit, sondern auch die Ruhe, welcher der Mensch zur Betrachtung und Verfolgung seines höheren Ziels bedarf.

Den öffentlichen Autoritäten obliegt deswegen die Anerkennung des Tags des Herrn in seiner vollen Bedeutung. Ein Sonntag, der nicht dem Dienst Gottes geweiht ist, ist kein »freier Tag«, sondern wird umgehend von irdischen Aktivitäten mit Beschlag belegt (Fußballspiele, Großeinkäufe, Verpflichtung von Angestellten zu rastloser Tätigkeit usw.). Vertikale und horizontale Sphäre werden voneinander losgelöst, ihre Verbindung zerstört, die Achse zwischen Himmel und Erde ausgehebelt.

❧

Die Herabwürdigung des Sonntags ist nur ein einziges – wenn auch bezeichnendes und wichtiges – Beispiel dafür, wie der Säkularismus die Ungerechtigkeit zur festen Norm erhebt, indem sie dem Menschen die Möglichkeit abschneidet, seinen religiösen Pflichten gemeinschaftlich nachzukommen, und ebenso deren individuelle Erfüllung als unerheblich erscheinen läßt. Die Folge besteht darin, daß die Abdrängung der Religion in den Privatbereich weithin akzeptiert wird. Wird die Religion noch als mögliches Ordnungsprinzip menschlichen Handelns und Denkens anerkannt, dann höchstens auf privater Ebene.

Die Gnade Gottes zielt aber nicht nur auf den Einzelnen ab. Eine der wesentlichen Eigenschaften der Gnade ist ihre Mitteilbarkeit. Indem der Christ andere Menschen – die Ebenbilder Gottes sind – so behandelt, wie Christus es getan hätte, wird der Friede Christi verbreitet. Dies soll (während der Messe) mit dem Friedenszeichen[49] oder, im überlieferten

---

49 Anm. d. Übers.: Das sog. Friedenszeichen nach dem *Pater noster* im *Ordo Missae* Papst Pauls VI. (cfr. *Institutio generalis Missalis Romani*, Nr. 82), dem sich kurz darauf die Ausspendung der hl. Kommunion anschließt. – Die konkrete Ausgestaltung des Friedenszeichens ist vielerorts, z.B. im deutschen Sprachraum, in keiner Weise geeignet, das vom Verfasser Gemeinte zu veranschaulichen. Zu den betreffenden (und anderen) entstellten Formen der vielgenannten *participatio actuosa* eine vernichtende, nur allzu berechtigte Kritik Alfons Maria Kardinal

Meßritus, mit dem Friedenskuß des Priesters[50] zum Ausdruck gebracht werden. Die Vollkommenheit, zu der die Menschennatur durch die Gnade erhoben wird, erreicht ihre Fülle in der Vollkommenheit der Gemeinschaft, zunächst derjenigen der Familie und schließlich der ganzen Menschheit.

Ein anderes liturgisches Symbol der Gnade ist die Weitergabe des Lichtes Christi in der Osternacht. Mit jeder Kerze, die angezündet wird, richtet eine weitere Person im Anschluß an die Gottesdienstgemeinde ihren Blick empor, um den wahren Mittelpunkt der Liturgie zu erblicken: den im Lichtglanz erstrahlenden Tabernakel und Altar[51]. Eine mögliche Ausweitung der symbolischen Wirkung bestünde darin, sich die Wärme des Kerzenlichtes[52] bewußt zu machen, welche die Menschen, von der Erdenschwere befreit, gemeinsam zu Gott emporhebt.

Sticklers: »Wenn nun diese aber in ein endloses Gerede und Getue ausbordet, in der es zu einer möglichst reichen Rollenverteilung kommt, die alle aktiv werden läßt, zu einer Geschäftigkeit, die jeder äußeren menschlichen Versammlung zukommt, die noch dazu gerade vor dem heiligsten Augenblick der einzelnen Teilnehmer in der Begegnung mit dem eucharistischen Gottmenschen am redseligsten und zerstreuendsten wird, findet die kontemplative Mystik der Begegnung mit Gott und sein Kult sowie die Ehrfurcht, die ihn immer begleiten muß, einen unvermeidlichen Tod: das menschliche Element tötet das göttliche und erfüllt Herz und Seele mit Leere und Enttäuschung« (Alfons Maria Kardinal Stickler, *Erinnerungen und Erfahrungen eines Konzilsperitus der Liturgiekommission*, abgedruckt in: Breid, Franz (Hrsg.): *Die heilige Liturgie*, Steyr 1997, S. 176 f.)

50 Anm. d. Übers.: Gemeint ist das *osculum pacis* im levitierten Amt (Erteilung der *pax* vom Zelebranten an den Diakon, von diesem an den Subdiakon, der sie dann an den eventuell *in choro* anwesenden Klerus weitergibt).

51 Anm. d. Übers.: So der Ablauf gemäß dem *Ordo Hebdomadae Sanctae instauratus* (Papst Pius' XII.) und dem neueren *Missale Romanum* (Papst Pauls VI.). Anders im von altersher überlieferten Ritus des *Missale Romanum* (in seinen Ausgaben vor 1955). Erfreulicherweise finden dieser und die anderen, an Symbolik überreichen überlieferten Riten der Karwoche mittlerweile wieder Verbreitung (Weiterführendes dazu: https://www.pre1955holyweek.com/).

52 Anm. d. Übers.: Etwa als Sinnbild der Liebe Christi.

Hierin besteht die Wirkung der Gnade. Der Mensch richtet in Gemeinschaft mit allen anderen Menschen den Blick nach außen und zugleich nach oben, auf den Quell alles Guten und des Heils. Demgegenüber fixieren Götzendienst und Individualismus, Markenzeichen des liberalistischen Säkularismus, den Blick ausschließlich und beständig auf das eigene Ich – *eigene* Präferenzen, *eigene* Wünsche, *eigene* Gefühle, *eigene* Meinungen über das, was richtig und was falsch ist.

Es ist deshalb nicht überraschend, daß in der säkularistischen, an materiellem Reichtum gleichsam überfließenden Gesellschaft weitum Isolation, Entfremdung und schiere Verzweiflung herrschen. Dies ist das folgerichtige Endstadium, wenn vermeintlich die Religion allenfalls Einzelnen, keineswegs aber der Gesellschaft von Nutzen ist. Gerechtigkeit – die immer menschliche Beziehungen betrifft, die der Erhöhung und Vervollkommnung durch die Gnade bedürfen – kann sich auf einer solchen Basis unmöglich entfalten.

Nur dann, wenn sich alle der Religion verpflichtet wissen, kann Gerechtigkeit der Maßstab einer Gesellschaft sein. Und: Die bloße Existenz einer Gesellschaft hängt von der Gerechtigkeit ab.

Koexistenz verschiedenartiger Gruppen von Menschen ist auch ohne besondere Beachtung der Tugend der Gerechtigkeit möglich. Vor dem Amerikanischen Bürgerkrieg lebten Sklavenhalter und Sklaven in Koexistenz, ebenso Fabrikbesitzer und Arbeiter in England zur Zeit der Industrialisierung. Im heutigen Amerika besteht Koexistenz zwischen Nachbarn,

Kollegen und jenen, welche die Gesellschaft leiten einerseits und andererseits den ca. eine Million Ungeborener, die jährlich in Amerika dem Abtreibungsmord zum Opfer fallen. Koexistenz fällt, wie man sieht, keineswegs schwer; sie stellt keine besonders hohen Anforderungen an eine Gesellschaft.

Indes sind Gesellschaft und Zivilisation keineswegs gleichzusetzen. Tiere koexistieren. Menschen sind für etwas Höheres erschaffen, nämlich für Gott als das ihnen allen gemeinsame höchste Gut. Von diesem Ziel her ist das irdische Gemeinwohl des Friedens und seine notwendige Voraussetzung, die Gerechtigkeit, ableitbar. Anders gefaßt: Der Mensch ist für das Leben in einer Gesellschaft, welche eine Zivilisation aufbauen soll, geschaffen.

Es besteht keinerlei Gewähr, daß die Menschen diesem Anspruch gerecht werden; sie sind auch hier in besonderer Weise auf das Wirken der Gnade Gottes angewiesen. Wenn in einem Menschenleben ein Wachstum an Gnade durch eine immer größere Gleichförmigkeit zu Christus geschieht, so wird dieses Menschenleben immer reicher auch an Entfaltung menschlicher Werte. Fällt hingegen der Mensch aus dieser Gleichförmigkeit heraus, so wird die beschriebene Entwicklung nicht etwa nur gehemmt, sondern in ihr Gegenteil verkehrt: Der Mensch entspricht dann immer weniger demjenigen, zu dem er erschaffen worden ist. Er büßt an Leben und Menschlichkeit ein.

Dasselbe gilt für Gesellschaften: Das gemeinsame Bekenntnis zur Religion und ihre gemeinsame Ausübung bringen ihr einen Zuwachs an Frieden und Gerechtigkeit. Wendet sich eine Gesellschaft von Christus ab, so verkümmern nicht nur ihre grundsätzlichen Mechanismen, sondern sinkt unter das herab, was eine Gesellschaft ausmacht, und kann dann kaum noch als »Zivilisation« bezeichnet werden. Es tritt dann ein Stadium primitiver Verwilderung ein, in welchem Einzelwesen einen brutalen Kampf um Macht und Überlegenheit ausfechten. Das Beste, was jetzt noch erreichbar ist, ist eine hochproblematische Koexistenz.

Dies ist weder eine Gesellschaft noch eine Zivilisation, jedoch ist es in steigendem Maße die Realität, der man gegenübersteht. Der Säkularismus zerschneidet den einem gesellschaftlichen Zusammenleben unentbehrlichen Lebensnerv der Gerechtigkeit; Religion ist die Grundlage jedweder Zivilisation.

Kapitel 11: Der Aufbau der Zivilisation setzt die wahre Religion voraus

»Ich bin Humanist. Vielleicht sogar der letzte Humanist. Wer, der noch bei Verstand ist, kann ehrlicherweise leugnen, daß das 20. Jahrhundert mir allein gehört hat? Alles, was sich darin ereignete, war mein Besitz. Nun ist meine Zeit gekommen.«

Der Film *Im Auftrag des Teufels*, in welchem diese Worte dem Teufel in den Mund gelegt werden, ist einer gescheitesten der Filmgeschichte. Der angeführten Aussage kann kaum widersprochen werden, denn das 20. Jahrhundert weist mehr Bluttaten auf als die gesamte vorausgehende Menschheitsgeschichte.

Zugleich gilt das 20. Jahrhundert den meisten als Ära beispiellosen technischen und wissenschaftlichen Fortschritts, manchen gar als Periode moralischer Aufwärtsentwicklung. Wer wollte dieser Feststellung im Hinblick auf die beiden erstgenannten Aspekte widersprechen? Technische Geräte stehen jetzt in so reichem Maße zur Verfügung, wie es zur Zeit des Aufkommens der sogenannten Science-Fiction kaum vorstellbar war. Die Schnelligkeit, in der gegenwärtig Reisen und Kommunikation möglich sind, haben die Welt kleiner werden lassen, als sie es in jener Zeit war, in der Telegraphen und Autos noch Neuerfindungen waren.

Die Idee des »Fortschritts« als Ziel politischen Handelns ist relativ neu. Sie verdankt sich – wie so vieles andere, das jetzt als selbstverständlich gilt – der »Aufklärung«. Neuerlichen Aufwind erhielt sie zu Beginn des 20. Jahrhunderts. Theoretiker des »Fortschritts« waren sich zwar nicht ganz im klaren darüber, was darunter konkret zu verstehen sei – möglicherweise eine »Entfaltung der menschlichen Persönlichkeit« oder ähnliches. Ihre Überzeugung jedoch, daß unbedingt »Fortschritt« zu geschehen habe, war durch nichts zu erschüttern. Ihnen galt dies geradezu als ein moralisches Postulat und, sofern der Mensch sich nicht selbst künstliche Hindernisse in den Weg lege, als ehernes Gesetz gesellschaftlicher Entwicklung.

Das Resultat bestand in der rückhaltlosen Beseitigung alles dessen, was menschlichem Verlangen entgegensteht. Mitunter zeitigte dies beachtliche und moralisch komplexe Folgen, etwa im Hinblick auf die Zunahme technischer Kommunikationsmöglichkeiten und materiellen Wohlstands bei gleichzeitiger Zunahme der Armut in Teilen der Bevölkerung. Unübersehbar grotesk gestaltete sich die Entwicklung auf dem Gebiet der sogenannten sexuellen Autonomie und des radikalen Individualismus. Es zeigt sich, daß, wenn eine Orientierung auf das Wahre, Gute und Schöne unterbleibt, »Fortschritt« weiter nichts ist als die flachsinnige Etikettierung des faktisch Geschehenden, dessen sich die Mächtigen regelmäßig zu ihrem eigenen Vorteil anzunehmen wissen.

Tatsächlich ist *richtig verstandener* Fortschritt ein wesentliches Erfordernis der Zivilisation. Es gibt sowohl im Leben des Einzelnen als auch der Gesellschaft keinen Stillstand in dem, was das Verhältnis zu Christus angeht: Erfüllung religiöser und bürgerlicher Gerechtigkeitspflichten kennt nur einen Fort- oder Rückschritt, kein Drittes. Ohne weiteres ist auch der grundsätzliche Unterschied im Verständnis des

Fortschritts erkennbar, wenn er auf der einen Seite in eine stets größere Verähnlichung mit dem ewigen und unveränderlichen dreieinigen Gott gelegt wird, im Gegensatz dazu aber in größtmöglichen wirtschaftlichen Erfolg oder »Entfaltung der Persönlichkeit« ohne jeden Zweck und Sinn.

Im Mittelalter, also der Epoche, die als die Zeit des größten authentischen Menschheitsfortschritts anzusprechen ist – als Europa sich der Restbestände römischer Kultur zum Aufbau der christlichen Zivilisation bediente –, bestand vermutlich gar kein reflektiertes Bewußtsein darüber, daß sich Fortschritt ereignete. Der Einzelne lebte einfach mit der Kirche, sicherte sein ewiges Heil bestmöglich und trug zum Gemeinwohl nach Kräften bei – und gerade so, ohne jede Ideologisierung des Fortschritts, trat er tatsächlich ein.

Antriebsmechanismus echten Fortschritts ist keine politische oder wirtschaftliche Strategie, sondern die treue Verpflichtung auf Gottes Plan; den Treibstoff liefert nicht menschlicher Einfallsreichtum, sondern die göttliche Gnade. Die Selbstfestlegung auf Gottes Ordnung – der in die Tat umgesetzte Bundesgedanke – gewährleistet nicht nur eine Schnittmenge, sondern auch den Zusammenhalt religiöser und allgemein-bürgerlicher Gerechtigkeit.

Der mit Gott geschlossene Bund ist die Grundlage und Formgebung der Gesellschaft. Ohne ihn ist keine Gesellschaft möglich, nur fortwährender Kampf aller gegen alle; das Vertrauen, welches eine gemeinschaftliche Verpflichtung auf Gottes Gesetz zugleich voraussetzt und vermittelt, fehlt hier ganz. Diese Verpflichtung ist von anderer Art als ein beliebiger Geschäftskontrakt. Im Gott geleisteten Eid vertraut sich der Mensch einem Bund mit ihm an. Ein gewöhnlicher Vertrag *setzt voraus*, daß die ihn eingehenden Parteien einander vertrauen; der Gott von Menschen geleistete Eidschwur hingegen vermag auch gegenseitiges Vertrauen zu *begründen*. So wird die eine Grundlage für die Ordnung und Gerechtigkeit geschaffen, in der Menschen als Familie, Pfarrgemeinde oder Nation zusammenleben können.

Wie in *Swear to God* ausführlicher besprochen, sind vor allem die Sakramente ein Bundeseid Gottes mit seinem Volk. Alles, was an Eides statt versichert wird, umfaßt die horizontale und vertikale Dimension der Gerechtigkeit. Dies geschieht auf verschiedene Weisen: Der vor Gericht abgelegte Eid z. B. sichert die horizontal-zwischenmenschliche Gerechtigkeit ab, indem man sich für die Wahrheit einer Aussage auf die vertikale Gerechtigkeit beruft: »Ich schwöre bei Gott, dem Allmächtigen und Allwissenden usw.« Die Sakramente hingegen sind die herausragenden Formen der Tugend der Religion. Sie sind Fundament und Bekräftigung der vertikalen Richtung der Gerechtigkeit, welche die horizontale erst möglich macht.

Eine Fußballmannschaft kann, will sie nicht von der gegnerischen Mannschaft besiegt werden, ein Spiel nur beginnen, wenn sie darauf hinreichend eingeübt und organisiert ist. So kann auch eine Menschenseele in der Vollkommenheit nur voranschreiten, wenn ihr Verhältnis zu Gott geordnet ist, hat sie doch einen Kampf gegen den Teufel zu führen, der nicht weniger als ein Mensch einer bestimmten Strategie folgt. Und ein Fortschritt der Gesellschaft mit Blick auf ihren eigentlichen Zweck, das Gemeinwohl, kommt nur auf der Grundlage des Vertrauens zustande.

Viele psychische Krankheiten, von gewöhnlicher Angst oder Melancholie bis hin zur Bewußtseinsspaltung, tun sich u.a. in einem Verlust der Selbstsicherheit kund. Diese Kranken leiden an innerer Zerrissenheit und Verwirrung, einer Zerstörung der Einheit, welche die Basis des leibseelischen Gleichgewichts eines Menschen bilden muß. Ähnlich ist in einer Gesellschaft gegenseitiges Vertrauen Fundament der Einheit, ohne die echter Fortschritt unmöglich ist. Das Gemeinwohl kann nicht einmal als solches erkannt und anerkannt, geschweige denn umgesetzt werden, wenn die Mitglieder einer Gesellschaft nicht darauf vertrauen können, daß ihre jeweiligen Zuständigkeitsbereiche anerkannt werden und auch die anderen Menschen ihre jeweiligen Obliegenheiten erfüllen. Fortschritt, der im Gegensatz zu einer »gepflegten Schlägerei« nur aus echter Zivilisation erwachsen kann, hängt sonach davon ab, daß eine Gesellschaft vor Gott diejenigen Verpflichtungen bekräftigt und einhält, welche sie ihm gegenüber und im zwischenmenschlichen Bereich zu beobachten hat.

❧

So manche weithin bekannten Intellektuellen – in der Regel Dauerreisende, welche den sogenannten Eliten verbunden sind – werden nicht müde, zu versichern, alles, d.h. das wirtschaftliche, technologische und kulturelle Leben der Menschen, sei in bester Ordnung. In den sozialen Medien führen sie große Reden, die sie mit allerlei Karten und Graphiken zu untermauern suchen, aus denen hervorgehen soll, daß es immer weniger Arme und Randständige, dafür aber auch immer mehr Gebildete und Reiche gebe. Deswegen könne als bewiesen gelten: »Das Leben ist schön.«

Nicht ohne Grund werden solche Personen außerhalb der Kreise, denen sie als willfährige Büttel zur Hand gehen, eher als Witzfiguren wahrgenommen. Die allenthalben zu beobachtende menschliche Instabilität, die Zunahme der Abhängigkeiten von Drogen, gesellschaftliche Zerrüttung und Dekadenz sprechen für jeden selbständig Denkenden eine allzu deutliche, andere Sprache. Die Zahlen der Eheschließungen und Geburten befinden sich im freien Fall, während die Zahl der Selbstmorde stetig zunimmt, und so erschiene die herkömmliche Erwartungshaltung, der nächsten Generation werde ein besseres Los beschieden sein, jetzt höchstens noch als makabrer Scherz. Ein »Grundvertrauen« – auf Institutionen, Mitbürger, Angehörige, ja das gesunde Selbstvertrauen –, das eine Gesellschaft überhaupt möglich und den Begriff des Gemeinwohls jedermann verständlich macht, verliert sich mehr und mehr.

Hier kommt ein Paradox liberalistischer Gesellschaften zum Vorschein. Zwar kann niemand bestreiten, daß in den letzten Jahrzehnten Wohlstand und politische Stabilität zugenommen haben. Indes: Dieser Zuwachs kam weder allen Gesellschaftsschichten und Völkern in gleichem Maße zugute, noch verhinderte er ein völliges Schwinden des Bewußtseins, daß man gegenüber seinen Mitmenschen – und erst recht gegenüber Gott – bestimmte Pflichten einzuhalten hat. Freiheit – im jetzigen landläufigen Verständnis – kann nun einmal nicht als belastbare Basis für gerechtes Handeln dienen.

Man kommt um eine Feststellung nicht umhin, die zugleich eine Herausforderung darstellt und eine Verteidigung der Königsherrschaft Christi über das ganze Weltall sein muß: Kein Wachstum an Wohlergehen oder äußerer Sicherheit vermag jemals die Vernachlässigung dessen aufzuwiegen, was der Mensch Gott schuldet; und auch wenn sonst alles – dem äußeren Anschein nach – gut verläuft, so folgt unausweichlich die Rechnung, die man dafür zu zahlen hat. Wird die Gott geschuldete Gerechtigkeit vergessen, dann ist bald auch zwischenmenschliche Gerechtigkeit ausgeschlossen. Ohne Christus geht alles zugrunde.

Eine vielzitierte Bemerkung Benjamin Franklins lautet: »Diejenigen, die bereit sind grundlegende Freiheiten aufzugeben, um ein wenig kurzfristige Sicherheit zu erlangen, verdienen weder Freiheit noch Sicherheit.«[53] Dem deistischen Liberalen Franklin galt Freiheit als die wichtigste soziale Tugend. Seiner Meinung nach ist in Bezug auf die Freiheit keinerlei Kompromiß möglich, denn durch einen solchen würde die Gesellschaft nicht nur ein Anrecht auf andere Güter verlieren, sondern deren Sicherung geradezu verunmöglichen. Formuliert man indes die Aussage Franklins so um, daß sie der Wahrheit – d.h. dem katholischen Glauben – entspricht, so lautet sie: »Diejenigen, die bereit sind, die Religion aufzugeben, um ein wenig kurzfristigen Wohlstand und Sicherheit (und Freiheit) zu erlangen, verdienen diese nicht und werden ihrer verlustig gehen.«

53 Franklin, Benjamin: »Pennsylvania Assembly: Reply to the Governor, 11 November 1755« in *The Papers of Benjamin Franklin*, Band 6, 1. April 1755 bis 30. September 1756, bearbeitet von Leonard W. Labaree, New Haven 1963, S. 238–243 [vom Übers. ins Deutsche übertragen].

Läßt der Eifer für die Tugend der Religion nach, hat dies nicht sogleich einen völligen Zusammenbruch einer Gesellschaft zur Folge. Dementsprechend werden auch in der heutigen Gesellschaft bestimmte rein materielle Standards noch leidlich aufrechterhalten. Da man die Menschen noch irgendwie zu beschäftigen weiß, ist die geistliche Leere noch nicht in ihrer ganzen Wucht spürbar. Es ist auch nicht auszuschließen, daß dieser Zustand noch für Jahrzehnte anhält, während der Materialismus das angemessene Verhältnis zu Gott, seiner Liebe und seiner Gnade weiterhin untergräbt.

Noch wichtiger ist es, daß die liberalistische, dem Götzendienst des Säkularismus verfallene Gesellschaft noch immer von den Restbeständen der christlichen Zivilisation zehrt und deswegen nicht noch weiter in die Irre gegangen ist. Während der letzten Jahrhunderte war das Erbe noch vorhanden, welches es der Bevölkerung ermöglichte, sich in zwischenmenschlichem Vertrauen und einer von allen akzeptierten Moral auf ein gemeinsames Ziel hin auszurichten. Der göttliche Ursprung eines solchen gesellschaftlichen Phänomens ist unverkennbar.

Damit soll nicht im mindesten behauptet werden, daß in der Vergangenheit alles zum besten gestanden hätte. Immer wieder wurden in der westlichen Welt grausame Kriege und auch Bürgerkriege geführt. Arme und wehrlose Menschen wurden ausgebeutet und unterdrückt; es kam zu Revolutionen und Konterrevolutionen, ethnischen Konflikten und heftigen konfessionellen Auseinandersetzungen; ganze Staatswesen wurden mittels der Sklaverei etabliert. Persönliche Sünden, die sich zu sozialen Sünden auswachsen und schließlich bis zu Strukturen der Sünde verhärten können, sind also auch dann nicht ausgeschlossen, wenn sich eine Gesellschaft grundsätzlich zu Christus bekennt.

Entscheidend ist aber, daß es aufgrund der Prinzipien des Christentums möglich war, diese Sünden als solche zu identifizieren, zu analysieren und sie, soweit es menschenmöglich ist, wiedergutzumachen. Wenn auch zuweilen nur undeutlich, so blieb doch immer das Bewußtsein präsent, daß der Mensch gegenüber Gott bestimmte Pflichten hat – was auch Pflichten gegenüber dem Mitmenschen zur Folge hat. (Ein besonderes Spannungsfeld bildete hier die Tatsache, daß diese Pflichten über die Grenzen der eigenen Nation, der eigenen Rasse und der eigenen Gesellschaftsschicht hinausweisen.) Die Gnade Gottes zeigte und zeigt ihre Wirksamkeit auch dadurch, daß kraft ihrer trotz schweren menschlichen Versagens ein echtes Voranschreiten in sozialer Gerechtigkeit immer wieder möglich ist.

Da sich die Machthaber immer mehr dem agnostizistischen Standpunkt verschrieben, Wahrheitserkenntnis sei unmöglich, erst recht aber eine ihr Rechnung tragende Gesetzgebung, konnte die Gesellschaft ihre Strukturen nur aufgrund ihres christlichen Erbes wahren. Wie oben dargelegt, beruht jedwede Gesetzgebung darauf, daß irgendetwas für wahr, richtig und letztlich göttlich gehalten wird. Die vielgerühmte »Neutralität« der liberalistischen Gesellschaften ist deswegen ausgeschlossen. Die Werte und Normen solcher Gesellschaften sind nur zum Schein »neutral«; in Wirklichkeit wird ihnen alles untergeordnet. In diesem Sinne kann ein Säkularist behaupten, ein gegen Mord gerichtetes Strafgesetz sei »neutral«, während ein solches gegen den Abtreibungsmord eine unzulässige Verpflichtung auf »bestimmte Moralvorstellungen« darstelle. Der Mord an einem Menschen außerhalb des Mutterschoßes gilt gemeinhin als ein Verbrechen, »Moralvorstellungen« werden also hier erst gar nicht thematisiert. Anders im Falle der Abtreibung. Indes wäre zu Zeiten, in denen der kriminelle Charakter der Abtreibung von jedermann anerkannt wurde, deren strafrechtliche Ahndung als ebenso »neutral« erschienen wie die Bestrafung von Betrug und körperlicher Mißhandlung.

Die überkommenen christlichen Prinzipien von Würde, Gerechtigkeit und Gnade hatten im Anfangsstadium der liberalistischen Gesellschaften noch eine gewisse Prägekraft: Insoweit diese Prinzipien als selbstverständlich galten, fanden sie noch ihren gesetzlichen (»neutralen«, da offensichtlich sachgerechten) Niederschlag. Handelte die Gesellschaft ihnen zuwider, u.U. auch auf sehr schwerwiegende Weise, so bestand dennoch ein irgendwie akzeptiertes Bezugssystem fort, anhand dessen solche Zuwiderhandlungen faßbar und beschreibbar sowie – wenn auch zuweilen nur unter Schwierigkeiten und unterstützt von der Gnade Gottes – korrigierbar waren. Fortschritt war also möglich.

»Nach wenigen Tagen nun nahm der jüngere Sohn alles zusammen, zog fort in ein fernes Land, und verschwendete daselbst sein Vermögen durch ein schwelgerisches Leben« (Luk 15,13). Dieser Satz ist dem bekannten Gleichnis vom verlorenen Sohn entnommen. Das in der Übersetzung ebenso wie in der lateinischen Vulgata verwandte Wort »schwelgerisch« (»luxuriose«) ist besonders ausdrucksstark.

Der schwelgerische Umgang mit einer Sache bedeutet, deren Teile sorglos zu zerstreuen und die Sache selbst damit aufzulösen. Etwas, was einfach *beschädigt* oder *zerbrochen* ist, kann nun unter Umständen wiederhergestellt werden. Anders das, was *aufgelöst* wurde. Die Bestandteile des Aufgelösten sind von der Umgebung, in die es aufgelöst wurde, nicht mehr zu unterscheiden und können daher nicht mehr zum ursprünglichen Ganzen wiederhergestellt werden. Es ist beinahe so, als ob dieses Ganze nie existiert hätte.

Ein Teil des oben angeführten Satzes aus dem Lukasevangelium lautet in der Vulgata: *et ibi dissipavit substantiam suam* (und verschwendete daselbst sein Vermögen). Das Objekt des Satzes, *substantiam*, wird gewöhnlich und zutreffend mit »Vermögen« übersetzt. Das Wort *substantia* bezeichnet aber auch das, was das Wesentliche einer konkreten existierenden Sache ausmacht.[54] So besehen bezieht sich der Satz sowohl auf materielle als auch tieferliegende Aspekte: Durch sein »liederliches« (Übersetzung Riessler/Storr) und »ausgelassenes« (Übersetzung Hamp/Stenzel/Kürzinger) Leben büßt der verlorene Sohn nicht nur sein Eigentum, sondern sich selbst, sein eigentliches Sein ein. Er verliert seine Integrität, ist nicht länger derjenige, der er sein sollte; dafür wird er eins mit seiner im Materiellen versunkenen, amoralischen Umgebung.

54 Anm. d. Übers.: »Substanz« im philosophisch-scholastischen Sprachgebrauch, auf den der Verfasser hier Bezug nimmt: »Substanz ist das, was sein Sein nicht in einem andern, sondern in und für sich hat« (Brugger SJ, Walter: *Philosophisches Wörterbuch*, Freiburg 1947, S. 342).

Dieser Teil des Gleichnisses ist auch auf die heutige Gesellschaft anwendbar. Der Reichtum, das Vermögen des christlichen Erbes wurde sorglos aufgelöst; die Gesellschaft hat so ihre Integrität, ihr eigentliches Sein verloren – und damit ihre Stärke. Die Wahrheiten, die einmal die Grundlage der Gesellschaft bildeten, sind bis zur Unkenntlichkeit verblaßt. Vom Bereich der Liturgie[55] bis hin zur Politik wurden die unterscheidenden Merkmale des Christentums in schwelgerischem Unverstand über Bord geworfen; dasjenige, worin die Tugend der Religion wesentlich besteht – vor allem als gemeinschaftlicher Akt der Gerechtigkeit der Menschen gegenüber Gott, der die ganze Welt im Sein erhält – wurde dabei in höchstem Maße untergraben. Das typische Resultat schwelgerischen Verhaltens zeigt sich auch hier: Man kann das Aufgelöste nicht mehr in den ursprünglichen Zustand rückführen.

Jedenfalls gilt dies für menschliche Bemühungen. Aber: Der verlorene Sohn erlangt, ungeachtet seiner Schwelgerei, die liebevolle Vergebung seines Vaters und in ihr wirkliche und vollständige Heilung. Auch der heutigen Gesellschaft kann Genesung geschenkt werden, wenn sie sich Christus zuwendet. Er kann ihr den Reichtum der göttlichen Gnade wiedergeben. Vielleicht geschieht dies nicht schlagartig, sondern nur durch den erheblichen Einsatz etlicher Generationen. Voraussetzung ist aber immer, daß die Gesellschaft Christus, wie es die Tugend der Religion erfordert, als denjenigen anerkennt, der er ist, und ihm den Kult erweist, der ihm zusteht.

---

55 Anm. d. Übers.: Gemeint ist hier selbstverständlich nicht die Liturgie der röm.-kath. Kirche, sondern deren von modernistischen Apostaten betriebene »Ersetzung« durch mancherlei unbedarft-kümmerliche Zeremonielle.

Die Desorientierung und Unsicherheit, die man von Rußland bis Amerika wahrnimmt, scheint in keinem Verhältnis zur – dem Anschein nach – politisch und wirtschaftlich vollauf abgesicherten Situation zu stehen. Jedoch treten innere Leere und schleichender Nihilismus gerade auf diesem Hintergrund umso deutlicher hervor. Nach materialistischen Maßstäben könnten die meisten eigentlich zufrieden sein. So muß also das Problem anderswo liegen.

Ungeachtet aller unerfreulichen Nachrichten, die man aus dem Innern der Kirche und von ihren »Peripherien« erhält, bieten sich jetzt der Mission die besten Möglichkeiten seit Jahrhunderten. Die innere Hohlheit der Institutionen und Strukturen, die Identitätsstiftung verheißen hatten, wird immer offenkundiger; ihre neuen Formen des Götzendienstes erweisen sich als schal und öde. Viele Menschen suchen nach Antworten, weil sie innerlich leer sind. Und wenn es auch immer richtig ist, sich zu Christus zu bekennen, so gibt es doch Zeitsituationen, die eines mutigen und offenen Bekenntnisses zu ihm mehr denn andere bedürfen – und dafür also offen sind. Genau eine solche Zeit ist heute, trotz scheinbarer Risiken.

Die Zeitenwende ist da. Während der letzten Jahrhunderte wurde die christliche Zivilisation allmählich zerstört. Der Götzendienst hielt, unter der Maske liberalistisch-säkularistischer »Neutralität«, Einzug. Er unterhöhlte das Erbe des Christentums. Indem man den säkularistischen Fabeln Glauben schenkte, wurde der Niedergang noch beschleunigt. Christus wurde zum »Mitbewerber« auf dem »neutralen

Umschlagplatz der Ideen«, statt Einheitsprinzip des Geisteslebens zu sein.

Am Ende des Prozesses stand die Verramschung der christlichen Zivilisation, und mit ihr der Gerechtigkeit, die, wie oben gesagt, im Verhältnis zu Gott und den Mitmenschen *Kreuzesform* besitzen muß. Daher ist das Ende des Prozesses ein geistig-moralisches Chaos, notdürftig zusammengehalten von einem gewissen materiellen Wohlstand und zerbröckelnden politischen Systemen. Diese dürftigen Bande vermögen die Gesellschaft nicht auf Dauer zusammenzuhalten. Am Ende der Zeitenwende, die jetzt stattfindet, wird etwas völlig anderes stehen.

Was dies sein wird, hängt auch von menschlichem Handeln ab. Wird es die wahre Gerechtigkeit sein – die Gerechtigkeit Christi? Werden sich die Einzelnen und die Gesellschaften nach Gottes heiligem Gesetz ausrichten? Oder wird man nur neue Weisen ersinnen, Christus zu ignorieren, seine eigenen Wege zu gehen und den Platz, der einzig Gott gebührt, mit neuen Götzen des Irrtums und der Ungerechtigkeit zu besetzen versuchen?

Am Anfang dieses Kapitels wurden Überlegungen zum wahren Fortschritt angestellt. Das Axiom, daß es im geistlichen Leben keinen Stillstand geben kann, trifft zu. Entweder man bewegt sich auf Christus zu, indem man mit seiner Gnade mitwirkt, oder man bewegt sich von ihm weg, indem man seine Gnade mißachtet. Dies trifft für die Familien, Gesellschaften und Kulturen ebenso zu wie für den Einzelnen.

Doch wie sieht ein solcher Fortschritt konkret aus? Wie trägt die Religion zu ihm bei? Wie kann mit anderen Worten die Religion eine Hilfe sein, eine gerechte Gesellschaft aufzubauen und ihr Beständigkeit zu verleihen?

Bis hierher wurde vor allem eine Bestandsaufnahme der Probleme des liberalistischen Säkularismus unternommen: Götzendienst, Ungerechtigkeit, Unordnung. Im Folgenden wird die Alternative beschrieben. Sie ist faszinierend schön und zeitlos. Um dies zu erkennen, muß man allerdings der Vorurteile des Liberalismus ablegen. Bornierter Agnostizismus, wie er dem Liberalismus nun einmal eigen ist, ist in seiner Wahrnehmungsfähigkeit von vornherein ziemlich eingeschränkt. Die Wahrheiten über die Natur und die Gnade, die sie heilt, erhebt und vervollkommnet, treten nicht in sein Gesichtsfeld, und sind doch Realitäten. Die Alternative zum Liberalismus besteht nicht in einem Wettbewerb mit ihm, sondern in der Realität. Ihr gilt es gegen die Phantasiegebilde der modernen »Zivilisation« Geltung zu verschaffen.

Kapitel 12: Die wahre Religion gibt dem Leben jedes Menschen innere Stimmigkeit

Ein junger Mann, der am Ende seiner Studienzeit angelangt war, stand einer jungen Dame nahe. Sie hatten zusammen studiert, und nun stellte sich ihm die Frage, ob er einer Heirat nähertreten oder Abstand davon nehmen sollte. In seiner Unsicherheit suchte er eine kleine Kapelle auf, die sich in den Gebäuden der Universität befand, um im Gebet vor dem Allerheiligsten Altarsakrament eine Antwort auf seine Frage zu finden.

In der Nähe des Altars befand sich eine Darstellung der Gottesmutter von Guadalupe, der Osterzeit wegen mit weißen Lilien verziert. Diese Lilien schienen sich nun, nachdem er die Kapelle betreten hatte, ein wenig geöffnet zu haben, ja sie öffneten sich langsam, aber klar erkennbar, wenn man nur genau hinschaute.

Der junge Mann war ein zu nüchterner Zeitgenosse, um hierin ohne weiteres irgendein außergewöhnliches Phänomen zu vermuten. Er ging davon aus, hier einem gewöhnlichen biologischen Vorgang gegenüberzustehen. Jedoch ereignete sich dieser ganz normale Vorgang gerade in dem Augenblick, als er dem im Sakrament gegenwärtigen Herrn die Frage vorlegen wollte, die für sein ganzes übriges Leben von entscheidender Bedeutung war. Er nahm dies als ein Sinnbild, sein Herz zu öffnen, seine Zurückhaltung zu überwinden und eine mutige Entscheidung zu treffen. Die beiden heirateten dann später und sind jetzt Eltern mehrerer Kinder.

Es ist nicht von Belang, warum die Lilien sich gerade zu jenem Zeitpunkt öffneten. Tatsache ist, daß Gott, der Herr über jedes, auch das kleinste Geschehen ist, es so gefügt hat, daß der junge Mann darin ein Sinnbild sehen konnte.[56]

Im ganzen Universum geschieht nichts, was sich der Vorsehung Gottes entziehen kann. Alle Dinge, so auch eine kleine Pflanze, haben ihren Platz in den Anordnungen Gottes. Die Schöpfung hat einen Zweck: Alles Erschaffene, auch Pflanzen und Steine, spiegelt schon durch seine bloße Existenz die Güte Gottes wider, darüber hinaus dient es dem göttlichen Plan. Grundsätzlich geschieht dies schon dadurch, daß ein Wesen seinen gewöhnlichen, von Gott durch Naturgesetze geregelten Lebensprozeß vollzieht – bzw. indem eine geschaffene leblose Entität, wie z.B. ein Fels, einfach vorhanden ist. Dabei kommt es auch zu einem Zusammenwirken der geschaffenen Dinge, anhand dessen Gott einen besonderen Plan verwirklicht, wobei dies in auffallender und überraschender Form geschehen kann.

Die göttliche Dreieinigkeit erhält alle Dinge im Dasein; sie ist das Prinzip der Ordnung des gesamten Weltalls.

---

56 Anm. des Übers.: Vielleicht darf vorausgesetzt werden, daß dieses Geschehen nur eines der Elemente war, das den jungen Mann zu seiner Entscheidung veranlaßt hat. Der gewöhnliche Weg für einen Katholiken, Gottes Willen zu erkennen, ist die genaue Erwägung aller relevanten Umstände einer Situation, die er dann einem vertrauenswürdigen Beichtvater mit der Bitte um Rat vorlegt. – Nach der Lehre z.B. des hl. Philipp Neri, des hl. Bernhard von Clairvaux, des hl. Ignatius von Loyola und des hl. Alfons von Liguori ist dies der sichere Weg, Gottes Willen zu erkennen. All diese Lehrer des geistlichen Lebens betonen, daß dem Rat des Beichtvaters zu folgen ist, sofern dieser Rat nicht eindeutig den Geboten Gottes entgegensteht.

Die Vorstellung der englischen Deisten, Gott sei wie ein Uhrmacher, der ein- für allemal sein Werk mit bestimmten Mechanismen ausgestattet habe – die Naturgesetze, die dann einfach nach Art eines Räderwerks ablaufen würden –, trifft nicht zu. Ebenso ist die Meinung der Pantheisten falsch, das All sei mit Gott identisch, der von ihnen als eine Art von universaler »Kraft«, »Einheit« oder »Ganzheit« gesehen wird. Der Christ erkennt aus der Offenbarung, daß Gott Mensch geworden ist und so der Tugend der Religion eine neue Qualität verliehen hat, denn seitdem ist das Verhältnis zwischen Göttlichem und Menschlichem ein ganz anderes.

Die Menschwerdung Christi – und die aufgrund ihrer zur Verfügung stehende Gnade – ermöglicht dem Menschen eine Nähe und Gemeinschaft mit Gott, die zuvor zwar nicht unmöglich, aber menschlichem Verstehen unzugänglich war. Daß Gott sich in einem solchem Maße entäußern würde, erschien den Autoritäten des Judentums zur Zeit Christi undenkbar; ihr Gottesbild war bedroht, und mit ihm ihre Macht. Als Christus die Einsetzung des Altarsakramentes und damit den Vollumfang der Gemeinschaft mit Gott, zu der die Menschen berufen sind, verkündete – Gott, der sich ihnen zur Speise geben will –, verließen ihn die meisten, die ihm bis dahin gefolgt waren.

Und doch handelt es sich hierbei um einen notwendigen Bestandteil der von Christus neu geordneten Tugend der Religion. Diese primär als eine *Verpflichtung* zu begreifen, die von wichtigen Vollzügen des Alltagslebens abhalte, ist fehl am Platze. Vielmehr handelt es sich um einen Vorzug, eine

Einladung nämlich, sich der Würde, Bild Gottes zu sein, bewußt zu werden und in dieser Würde stetig zu wachsen. Die unüberbrückbare Kluft, die der Mensch zwischen sich und Gott erkennt und anerkennt, soll der Mensch überwinden, weil Gott ihn zur Teilhabe an seinem Sein und seiner Liebe einlädt. Anders ausgedrückt: Indem der Mensch anerkennt, daß er Knecht Gottes ist, wird er fähig, Kind Gottes zu werden.

Möglich ist dies nur, weil zuvor der dem Vater wesensgleiche Sohn Gottes ein Knecht geworden ist. Geboren als hilfloses Kind und zur Hinopferung seines Lebens bestimmt, »ist des Menschen Sohn nicht gekommen, bedient zu werden, sondern zu dienen, und sein Leben als Lösegeld für viele hinzugeben« (Mt 20,28). Jesus Christus hat nicht nur gezeigt, was ein Mensch sein kann und wozu er bestimmt ist. Durch sein Lebensopfer gab er dem Menschenleben die optimale Qualität, die durch die von seiner Kirche vermittelte Gnade ermöglicht wird.

Etwas davon bringt die wunderbare Bildsprache des Buchs der Apokalypse zum Ausdruck. Der Apostel Johannes ist bestürzt, weil niemand, »weder im Himmel noch auf Erden« (Offb 5,3) das »mit sieben Siegeln versiegelte Buch« (Offb 5,1) öffnen kann. »Aber einer von den Ältesten sprach zu mir: Weine nicht! Siehe, der Löwe aus dem Stamme Juda, die Wurzel Davids, hat gesiegt, das Buch zu öffnen und die sieben Siegel desselben zu lösen« (Offb 5,5). Hier ist zunächst die Rede vom *Löwen*. Doch als derjenige, der als einziger dazu befähigt ist, sich anschickt, das Buch zu öffnen, erscheint er als *Lamm*, und zwar nicht als irgendeines, sondern als geschlachtetes Lamm (Offb 5,6). Und alle Geschöpfe des Himmels und der Erde »riefen mit lauter Stimme: Würdig ist das Lamm, das getötet worden ist, zu empfangen die Macht und Gottheit und Weisheit und Stärke und Ehre und Herrlichkeit und Lobpreisung« (Offb 5,12). Der Löwe und das Lamm, auf welche der Prophet Isaias hingewiesen hatte (Is 11,6; 65,25), sind miteinander identisch.

Religion besteht, worauf schon ganz zu Anfang hingewiesen wurde, in den Pflichten, die dem Menschen der Wahrheit gemäß obliegen. Die Umkehr des Verhältnisses zum Knecht in der Inkarnation, welches die gnadenhafte Umkehr des Verhältnisses des Knechtes in das eines Sohnes ermöglicht, gibt der Religion eine neue Gestalt: Nicht nur ein natürliches Band vereint jetzt den Menschen mit seinem Schöpfer, sondern er ist zu einer übernatürlichen, ja familiären Verbindung mit ihm berufen; in ihrer Fülle ist diese Verbindung gar allumfassend.

❧

Den höchsten Ausdruck findet die Religion in der Opferliturgie der Kirche, der heiligen Messe. Es soll hier nicht wiederholt werden, was in *Das Mahl des Lammes*[57] ausgeführt wurde. Tatsache ist, daß man im Meßopfer einer eigentlichen Herabkunft des Himmels auf die Erde nicht nur beiwohnt, sondern in sie gleichsam eingetaucht wird. Auf dem Altar konvergiert alles: Der Christ wird mit dem Schöpfer der Menschheit, der Geschichte und des Universums ver-

---

57 Hahn, Scott: *Das Mahl des Lammes. Die Messe als Himmel auf Erden*, Heiligenkreuz 2021.

eint, und damit auch in gewissem Sinne mit der gesamten Menschheit, über alle Generationen hinweg, sowie der gesamten Schöpfung auf Erden wie im Weltall. Die Einheit alles geschaffenen Seins in Christus wird auf dem Altar Gegenwart, und der Christ ist eingeladen, an ihr teilzuhaben.

Ein Theologe des 20. Jahrhunderts, Erik Peterson, beschreibt die kosmische Einheit, die in der Messe gegeben ist (und die Stellung der Engel in ihr), wie folgt:

> Der Kult der Kirche ist nicht derjenige einer Vereinigung von Menschen, deren gottesdienstliche Handlung auf einen Kultort beschränkt ist. Vielmehr handelt es sich um einen Kult, der die ganze Schöpfung einbezieht, so auch die Sonne, den Mond, alle Sterne ... Immer ist es der Gesamtkosmos, der an der Verehrung Gottes teilnimmt ... Der Himmel, in dem die Engel sind ... ist der zentrale, im Höchstmaß geistige Teil des Kosmos ... Niemals kann dem Kult der Kirche der Gesang der Himmelsgeister fehlen, denn dieser Gesang gibt dem Lobpreis der Kirche jene Tiefe und Transzendenz, die der Charakter der christlichen Offenbarung wesentlich erfordert.[58]

Oben wurde die Ordnung Gottes als ewige Melodie beschrieben, der sich der Mensch in Harmonie einfügen muß, weil sich andernfalls ein Mißklang ergibt. In der Messe wird dieser Vergleich zur Realität. In ihr werden Herz und Stimme dem ewigen, herrlichen Gesang der Engelschöre eingefügt,

58 Peterson, Erik: *The Book on Angels*, Hrsg. Michael Hollerich (*Theological Tractates*, Stanford 2011), S. 121–122.

die wirklich beim Opfer der Messe anwesend sind. Das Ende der Präfation lautet dementsprechend:

> Durch ihn loben die Engel deine Majestät, die Herrschaften beten sie an, die Mächte verehren sie zitternd. Die Himmel und die himmlischen Kräfte und die seligen Seraphim feiern sie jubelnd im Chore. Mit ihnen laß, so flehen wir, auch uns einstimmen und voll Ehrfurcht bekennen: Heilig, heilig, heilig …[59]

Wie die Seele der Religion in der inneren Hingabe an Christus besteht, so ihr Leib in der authentischen Liturgie der Kirche. Leib und Seele müssen auch hier einander entsprechen. Die innere Harmonie des Christen mit Gott und die äußere Harmonie, die im öffentlichen Kult der Kirche kundgetan und veranschaulicht wird, bilden zusammen eine Gesamtharmonie, in der die Engel eine Mittlerfunktion ausüben und die in der Person Jesu Christi enthalten ist.

Freilich ist die Wirkung der Liturgie unter Umständen unvollständig, so wie der Leib eines Menschen, der von der Seele getrennt ist. Die äußere Teilnahme an der Liturgie muß *Teil der inneren Hingabe* sein, die in Bekehrung, Reue und einem Leben nach Gottes Willen besteht. So segensreich die Teilnahme an der Messe sein kann, so kann sie auch gefährlich und verderblich sein, wenn man in ihr unwürdig zu kommunizieren wagt. Aus dem Leben des Existenzialisten Jean-Paul Sartre wird berichtet, er habe einem Menschen, den

59 Übersetzung des lateinischen Originaltextes des *Missale Romanum*: Bomm OSB, Urbanus: *Lateinisch-Deutsches Volksmeßbuch*, Freiburg 1961, S. 759.

sein – wenn auch schwankender – Glaube davon abgehalten habe, sich den Ideen Sartres anzuschließen, den perfiden Rat gegeben, unwürdig zu kommunizieren. Täte er das, so Sartre, dann wäre das »Problem« erledigt.

Unser Leben erhält in Christus einen Sinn. Dies ist allerdings nicht als eine rein intellektuelle Sinngebung zu verstehen, denn der Mensch überantwortet sich Christus nicht nur auf einer rein geistigen Ebene. Unsere Gemeinschaft mit ihm hat eine sowohl äußerlich-sichtbare als auch geistige Dimension. Daher beschränken sich die ihm gegenüber bestehenden Verpflichtungen der Religion nicht auf persönliche, private Gebete. Auch physische Akte, sofern ein Mensch sie setzen kann, sind Bestandteil sowohl des gottesdienstlichen Lebens als auch des Dienstes am Mitmenschen, in dem die in den heiligen Sakramenten empfangenen Gnaden auch für sie fruchtbar werden.

Die Gemeinschaft mit Christus in der hl. Messe ist ebenfalls keine abstrakte, sondern ganz und gar reale. Indes hat die in der hl. Messe empfangene Gnade nicht etwa »magischen« Charakter, sondern sie fordert die Mitwirkung des Christen, um die Gnade, welche er erhält, indem er der hl. Messe beiwohnt, an andere weiterzugeben. Es zeigt sich auch hier, daß die Tugend der Religion ein Ausdruck menschlicher Reife und der Gesamtpersönlichkeit sein soll.

Der Kult der Kirche, in dem sich – vor allem in der Messe – Himmel und Erde begegnen, ist Verdichtung und Vollzug dessen, was die gesamte Schöpfung stets Gott schuldet. Daher ist die Messe nicht »beendet«, wenn man die Kirche verläßt, sondern sie ist bleibende Realität. Die Tugend der Religion, verklärt von der Gnade und dem leibhaftigen Eintritt Gottes in die Schöpfung durch seine Menschwerdung, ermöglicht dem Christen ein Verstehen dieser Realität, und zwar nicht nur während der Messe, sondern auch im Alltagsleben. Die Messe ist deswegen unentbehrlich.

Jeder kennt die Versuchung, Surrogate für das Unentbehrliche zu suchen. Der französische Universalgelehrte Blaise Pascal, der im 17. Jahrhundert lebte, entwickelte dazu eine Theorie der *divertissements* (Amüsements, Abwechslungen, Unterhaltungen). Nach dieser Theorie ist es ein Wesenszug der menschlichen Psyche, daß sie Zerstreuungen sucht, da sie sich, wenn sie nicht beschäftigt sei, mit dem Tode und der eigenen Unwichtigkeit konfrontiert sehe und infolgedessen der Verzweiflung anheimfalle. Da Pascal aber Katholik war,[60] erkannte er, daß es einen anderen, besseren Ausweg gibt als jenen der *divertissements*: Den Frieden und das Vertrauen, die Frucht der Erkenntnis und des Nachdenkens über einen liebenden Gott sind. Die Sucht nach Amüsement ist zugleich Zeichen der Verzweiflung und der Entfernung von dem Einen, der die Verzweiflung heilen kann.

Handle es sich nun um eher leichte *divertissements* oder eine dumpfe Besessenheit von Lust- und Machtstreben, die Götzen, welche an die Stelle der verlorenen Religion treten, sind besitzergreifend. Wenn Gott einen Menschen in Besitz nehmen will, dann geschieht dies aus Liebe, denn er verfolgt

60 Anm. d. Übers.: Blaise Pascal hat leider auch der jansenistischen Irrlehre Vorschub geleistet, z. B. mit seinen *Lettres provinciales*.

damit keinen eigenen Vorteil, sondern den des Menschen: Gott weiß, daß die Gemeinschaft mit ihm zum Besten des Menschen ist. Ganz anders die Götzen des Säkularismus: Nicht um des Menschen willen, sondern ihretwegen beanspruchen sie ihn, seine Zeit, seine Aufmerksamkeit und seine Verehrung, also aus Eigeninteresse – und im Interesse anderer, die aus dem Götzendienst Nutzen ziehen.

Das Ergebnis besteht im Gegenteil eines reifen und harmonischen Lebens, wie es oben beschrieben wurde: Eine zerrissene Existenz, in der die verschiedenen Götzen ihren Tribut einfordern, so daß der Mensch in Parallelidentitäten zu leben genötigt wird. Christus und seiner Kirche wird hier ausschließlich nach dem Diktat der Götzen ein gewisser Raum zugebilligt, d.h. vielleicht ein oder zwei Stunden des Sonntags. Alles was darüber hinausgeht und den Menschen ganzheitlich prägen kann, gilt den Götzen als indiskutabel, ja gefährlich. So sollen Christus und die von ihm gegründete Kirche in den Raum eingehegt werden, den der »freie Markt der Privatreligionen« für zumutbar hält.

Ein bezeichnendes Beispiel solchen Vorgehens bietet die Politik. Medienschaffende und Abgeordnete üben brutalen Druck auf Kandidaten für politische oder andere öffentliche Ämter aus, damit diese ihre religiösen Überzeugungen aus ihrem Berufsleben heraushalten. (Eigentümlicherweise wird bei uns in Amerika Trägern öffentlicher Ämter immer noch ein Eid auf die Bibel abverlangt. Dies zeigt, daß immer noch ein, wiewohl verschwommenes, Bewußtsein der Relevanz der in der Bibel gelehrten Moral – z.B. bei Eidesleistungen – vorhanden ist.) Es sei an das Beispiel John F. Kennedys erinnert, der im Wahlkampf des Jahres 1960 einer erregten Öffentlichkeit versprach, er werde, wäre er einmal Präsident, in Ausübung seines Amtes seinen katholischen Glaubensstandpunkt gänzlich beiseite lassen.

Diese völlig inkohärente Sicht auf die Religion hat fast das ganze Leben durchdrungen. Es gilt als sonderbar, sich in der Öffentlichkeit zu Gott zu bekennen, insbesondere im eigentlichen »weltlichen« Bereich, z. B. durch Verrichten des Tischgebets in einem Restaurant. Es ist unerwünscht, in geschäftlichen Belangen Gewissensbedenken anzumelden, zumindest dann, wenn so die eigene Firma in einen Nachteil gegenüber solchen geraten könnte, die unbeschwert von jeglicher Moral sind. In bestimmten Bereichen des Lebens, wie Finanzen, Politik und Geschlechtlichkeit, könne oder habe Gott keine Rolle zu spielen, so heißt es.

Vorliegendes Buch hat es sich allgemein zur Aufgabe gestellt, zu zeigen, daß die geschilderte Sichtweise der Religion sinnlos ist. Im Lichte dessen, was die authentische Tugend der Religion dem Menschen zu geben vermag, soll jetzt einmal das Augenmerk darauf gerichtet werden, wie *frustrierend* und *unbefriedigend* die liberalistische Religionsauffassung ist. Das, was der Säkularismus bietet, ist die Schizophrenie der Massen. Nicht nur in dem Sinne, daß man die Menschen in zerrissene Identitäten stürzt, mit deren Einzelaspekten sie dann eben selbst zurechtkommen müssen, sondern so, daß die Menschen in einen direkten Widerstreit mit der Realität geraten. Die wahre Religion garantiert demgegenüber die Integrität der Person, die mit sich selbst, der Schöpfung und Gott im Einklang steht.

Ein selbstentfremdetes Leben ist nicht nur irreal, sondern auch öde und häßlich. Zersplitterung mag vielleicht ein gewisses Ausweichen vor unangenehmen Wahrheiten bieten wie der wahren Religion oder der Nichtübereinstimmung der Maßstäbe Gottes mit unseren eigenen, aber was immer man so gewinnt, gibt man in seinem Verhältnis zu Gott und zum Mitmenschen auf. Umgekehrt gibt die Zuwendung zur wahren Religion, wenn sie vielleicht auch zunächst gewisse Unannehmlichkeiten mit sich bringt, echten und heilsamen Frieden.

Der Mensch ist für den Frieden erschaffen – den Frieden mit sich selbst, der Gemeinschaft, der Schöpfung und Gott. Gott will diesen Frieden und er ermöglicht ihn durch seine Gnade.

Es gibt die Tendenz, die menschliche Natur so zu sehen, als wäre sie ausschließlich durch die Sünde Adams definiert.[61] Die gefallene Menschennatur sei nicht nur verwundet – und heilbar –, sondern befinde sich in einem Zustand durchgängiger Gebrochenheit. Oft genug muß das dann als Entschuldigung dafür herhalten, daß man nicht einmal imstande sei, Gottes Angebot, uns zu heilen, anzunehmen: »Im Himmel wird man einmal Frieden finden können; in diesem irdischen Jammertal ist dies unmöglich.«

Dem ist zu entgegnen, daß es nichts realeres und realistischeres gibt als die Gnade Gottes, die den Himmel auf die

61 Anm. des Übers.: So das völlig pessimistische Menschenbild Luthers. Zeugnis von diesem bizarren Standpunkt gibt z. B. der altlutherische Choral: »Durch Adams Fall ist *ganz* verderbt«. – Der Verfasser spielt hier anscheinend auf »evangelikale« u. ä. Kreise an, die sich die Auffassung Luthers zueigen gemacht haben.

Erde bringt (namentlich im Meßopfer). Es darf als bekannt vorausgesetzt werden, daß »das Fleisch schwach ist«, wobei aber nicht vergessen werden darf, »daß der Geist willig ist« (Mt 26,41). Der Christ weiß sich dem Wort des Herrn verpflichtet, der nichts unmögliches verlangt: »Seiet also ihr vollkommen, wie auch euer Vater im Himmel vollkommen ist« (Mt 5,48). Dies gilt auch dann, wenn gelegentliches Versagen vor diesem Anspruch nicht auszuschließen ist, denn die Wahrscheinlichkeit der Sünde bedeutet nicht die Unmöglichkeit der Vollkommenheit, denn »bei Gott ist alles möglich« (Mt 19,26). Wer die Möglichkeit bestreitet, daß der Himmel auf die Erde herniedersteigt, bestreitet damit Gottes Macht ebenso wie die Wirklichkeit seiner Gnade.

Darüber hinaus liegt hierin eine Reduktion der menschlichen Natur. Unvollkommenheit ist in dem Sinne »natürlich«, daß sie faktisch existiert, nicht »natürlich« aber in dem Sinne, daß sie mit der gottgegebenen Menschennatur im Einklang steht. Selbstentfremdung ist nicht »natürlich«, weder im Verhältnis des Leibs zur Seele, noch im Verhältnis des »religiösen Subjekts« zum »bürgerlichen Subjekt«, noch in dem des Familienvaters zum Arbeitnehmer, noch dem der menschlichen Person gegenüber ihrem Schöpfer. Zumindest in gewissem Maße bleibt bewußt, daß Unvollkommenheit nichts »Natürliches« ist. Man merkt: Hier stimmt etwas nicht, etwas ist unvollständig, nicht so, wie es sein sollte. Das ist die Stimme Gottes, die den Menschen zur Gemeinschaft mit ihm ruft.

In dieser Gemeinschaft kommt die menschliche Natur zur vollen Entfaltung, zustande gebracht wird sie durch die Gnade. Der Tugend der Religion ist es deshalb wesenseigen, die Gnade Gottes anzunehmen und mit ihr zu wirken.

Da Religion Verpflichtung gegenüber der Wahrheit bedeutet, und Jesus Christus derjenige ist, in dem alles seine Integrität erhält, erkennt die Religion diese Wahrheit an und gibt ihr im Leben Zeugnis. Gott die ihm geschuldete Ehre zu erweisen heißt, dem wahren Verhältnis des Menschen ihm gegenüber Rechnung zu tragen, nämlich einerseits den unüberwindlichen Abstand zwischen ihm und dem Menschen anzuerkennen und andererseits Gottes Angebot anzunehmen, dem Menschen über diesen Abstand hinwegzuhelfen.

Diese Realität bricht in unser Leben durch das heilige Meßopfer ein, aber sie verflüchtigt sich nicht nach Verlassen des Gotteshauses. Die Opferfrüchte der Messe, die sakramentale Gnade und die in der Messe verrichteten Gebete strahlen auf das ganze Leben aus zur Ehre des dreieinen Gottes. Dies geschieht auf direkte Weise (Gebet, Fasten usw.), aber auch auf indirekte (friedfertige Gesinnung, Freundlichkeit, Hilfsbereitschaft usw.).

In einem in solcher Weise zu innerer Stimmigkeit gebrachten Leben tun sich natürliche und übernatürliche Gerechtigkeit kund; die Harmonie der Seele überträgt sich auf die konkrete Umgebung, ja noch weiter. Hierin liegt keine Garantie, daß jetzt alle Probleme überwunden seien. Die Lektüre der Lebensbeschreibungen der Heiligen zeigt, wie schwer man ihnen das Leben oft gemacht hat. Ein Zeichen des Widerspruchs zu gängigen Meinungen, wie es die Heiligen waren, wird kaum sogleich Wertschätzung erfahren. Aber Gottes Gnade führt zur ewigen Seligkeit des Himmels, auch ungeachtet dessen, daß dies nicht jederzeit gefühlsmäßig erfahrbar ist.

Diejenigen, die Gott im Priestertum oder Ordensstand dienen, sind zu einer besonders engen Gemeinschaft mit ihm berufen, und auf andere Weise diejenigen, die miteinander im Ehesakrament verbunden sind. Sie werden »ein Fleisch« (Gen 2,24) und sind mittätig bei der Hervorbringung neuer Wesen, die nach dem Bilde Gottes geschaffen sind. Weil die Ehe eine ganz einzigartige und unersetzliche Bedeutung für die Menschheit hat, wurde sie von Christus zur Würde eines Sakraments erhoben.

Auch die wahre Religion hat eine solche Bedeutung für die Menschen. Durch sie erhalten die Familien eine unentbehrliche und feste Struktur. Innerhalb ihrer erfährt das heranwachsende Kind konkret, was »Gemeinwohl« bedeutet. In der Familie als »Hauskirche« werden ihm die alltäglichen Pflichten gegenüber Gott vor Augen geführt und vollzogen; so wird ihm deutlich, daß Religion sich nicht auf das Innere des Kirchengebäudes beschränken darf. In der Familie liegt der fundamentale Zusammenhalt der Gesellschaft beschlossen; dieser wird entweder gefördert oder vernachlässigt. Der Bestand der Zivilisation hängt von der Familie ab.

Kapitel 13: Die wahre Religion als Formgebung der Familie

Was ist in Wirklichkeit eine Familie? Die Frage wird seit einiger Zeit in der Öffentlichkeit erörtert, zumal gewisse Weisen des »Zusammenlebens« weite Verbreitung gefunden haben und diese auch »legalisiert« wurden. In den Sechzigerjahren begann der Aufstand gegen das, was als verbürgerlichtes Familienmodell bezeichnet wurde. In den folgenden Jahrzehnten nahm dieser Aufstand konkretere Formen an, z. B. im »Zusammenleben« gleichgeschlechtlicher Personen und anderen abwegigen Phänomenen, die aber durch entsprechende »Gesetze« als »der Familie gleichwertig« anerkannt wurden.

»Ein von einem oder mehreren Erwachsenen geführter Haushalt und die Kinder, für die diese Personen verantwortlich sind« – das erscheint gewissen Kreisen als eine treffende Definition der Familie. Allerdings wären damit die Unfruchtbaren ebenso ausgeschlossen wie solche, die gar keine Kinder wollen, auch diejenigen, die allein leben wollen – einschließlich derer, die »eine Ehe mit sich selbst geschlossen« haben. Auch letztere erwarten, daß man sie als »Familie« betrachtet.

Kurzum: Der Begriff der »Familie« wird in einer solchen Perspektive gegenstandslos. Wenn jeder Haushalt eine »Familie« ist, dann gibt es keine Familie. Was bleibt, sind Haushalte: Personengruppen oder Einzelpersonen, die zufällig mit irgendjemand eine Adresse teilen oder auch nicht. Blutsverwandtschaft oder auch eingegangene Verbindungen sind dabei eigentlich irrelevant; es geht ausschließlich um eine administrativ-organisatorische Einordnung bzw. Zusammenfassung von Personen. Der naturrechtliche Familienbegriff wurde also durch ein bürokratisches Konstrukt ersetzt.

Grundlage der Familie – im naturrechtlichen Sinne – ist die Ehe. Die Erziehung von Kindern innerhalb der unauflöslichen Ehe ist der normale, schon von der Natur gewiesene Weg.

Besteht Begriffsverwirrung bezüglich dessen, worin eine Ehe besteht, dann notwendigerweise auch hinsichtlich der Familie. Da aber die Familie eine tiefgehende Prägekraft für die Persönlichkeit besitzt, wirkt sich die Verzeichnung des Familienbegriffs gesellschaftlich in immer weiterreichenden Verwerfungen aus. Um zu verstehen, warum die Tugend der Religion eine formgebende Rolle für die Familie spielt, ist zunächst zu erläutern, was Ehe und Familie gemäß Gottes Gesetz sind.

Die Hl. Schrift kennt zwei komplementäre Faktoren der Familienstruktur: Gatten- und Großfamilie. Beide zusammen ermöglichen ein näheres Verständnis der Familie als unverzichtbarer Bestandteil der von Gott gewollten Ordnung.

Das Urbild der Eltern-Kind-Beziehung ist in der Hl. Schrift durchweg gegenwärtig, angefangen von Abraham, Sarah und Isaak bis zu Zacharias, Elisabeth und Johannes dem Täufer. Die herausragendsten Beispiele sind Adam und Eva sowie die Heilige Familie (erste aller Ehen, heiligste aller Ehen).

Die Heilige Schrift zeigt, daß dem natürlichen Verhältnis zwischen Eltern und ihren Kindern in der gottgewollten

Ordnung besondere Bedeutung zukommt. Die Familie ist Abbild der Trinität: Vater, Mutter und ihre Nachkommenschaft, die Mitwirkung der Eltern bei der Schöpfertätigkeit Gottes durch Zeugung von Kindern.

Die Familie ist – wie auch ihre einzelnen Mitglieder – eine eigenständige Realität. Die Familienmitglieder haben Anteil an einem gemeinsamen Gut, dem durch diese Teilhabe kein Abbruch geschieht. In der natürlichen Ordnung besteht dieses Gut im selbstlosen Einsatz für all das, was die Familie zum Überleben benötigt; in der übernatürlichen Ordnung durch die »Hauskirche«. Deswegen ist es ein Verstoß gegen die Gerechtigkeit, die Familie im Sinne des Individualismus definieren zu wollen – im Sinne des kalten *quid pro quo*, in dem Selbsthingabe nicht vorkommt. Ebenso ungerecht ist es, wenn die Kompetenz der Politik in Familienangelegenheiten überdehnt wird (Ehescheidungen, staatliche Übergriffe in innerfamiliäre Angelegenheiten).

Weiterhin ist die Großfamilie nicht weniger real als die Gattenfamilie. Die gesamte Struktur des alttestamentlichen Gottesvolkes beruht auf der Großfamilie. Es wäre töricht anzunehmen, dies sei ein Zufall oder für das heutige Gottesvolk nicht von Belang. Die Großfamilie zeigt, wie Familienbande eine weitere und umfassendere Gesellschaftswirklichkeit zustande bringen.

Nach der katholischen Soziallehre greift für die Gattenfamilie das Subsidiaritätsprinzip (größere gesellschaftliche Institutionen dürfen nicht in den Zuständigkeitsbereich kleinerer eingreifen), während für die Großfamilie das Prinzip der Solidarität gilt (gemeinsame Verfolgung übergeordneter gesellschaftlicher Interessen). Innerhalb der Gattenfamilie eignet sich der Mensch soziale Tugenden an, z.B. Sorge für Alte und Kranke, großherzige materielle Hilfe für Notleidende, Überwindung des Eigensinns zur Vermeidung von Konflikten.

Die Großfamilie schafft einen Zusammenhalt von Familien und ihren Mitgliedern, der sogar zeit- und ortsübergreifend ist. Wie die Gattenfamilie Abbild der göttlichen Trinität ist, so die Großfamilie Abbild des ganzen Gottesvolkes, welchem Christus Identität und Ziel verleiht. Die christliche Ehe hat, in Entsprechung zum Bundesschluß Gottes mit dem alten Israel, ihre Grundlage in den Sakramenten, insbesondere im sakramentalen Ehebund.

Jede menschliche Gesellschaft beginnt mit einem Mann und einer Frau. Das ist keine rein biologische Feststellung, vielmehr handelt es sich um eine Tatsache der Schöpfungsordnung: »Und Gott schuf den Menschen nach seinem Bilde; nach dem Bilde Gottes schuf er ihn, als Mann und Weib erschuf er sie« (Gen 1,27). Die erste Form der Gesellschaft besteht also im Ehepaar.

In *The First Society* wird dieses Thema ausführlicher besprochen. Hier soll schlicht festgehalten werden, daß der Ehebund von Mann und Frau die erste Formgebung der menschlichen Gesellschaft bildet, sowohl unter dem Aspekt der Zeit als auch dem der Relevanz.

Im zeitlichen Ablauf ist das Ehepaar die erste von Gott geschaffene Gemeinschaft. Sie ist etwas anderes als eine Gemeinschaft von Freunden oder Kollegen, denn in ihr wird jeweils eine neue Generation gezeugt. Daher ist jede Eheschließung ein Neubeginn; in ihr entsteht etwas, das weder zuvor existierte noch später existieren wird: »Darum wird der Mann seinen Vater und seine Mutter verlassen, und seinem Weibe anhangen; und beide werden ein Fleisch sein« (Gen 2,24).

Die Ehe ist die wichtigste gesellschaftliche Institution; in ihr erhält jede gesellschaftliche Beziehung eines Menschen ihre Form und Orientierung. Die Struktur der Gesellschaft beruht geradezu auf der Ehe. Kindern wird in ihr die Fähigkeit zu menschlicher Liebe vermittelt, was sich auch auf diejenigen Menschen auswirkt, die später im Einflußbereich der Kinder stehen. Die Ehe kann für die Gesellschaft nicht einmal notdürftig durch etwas anderes ersetzt werden:

> Eine Gesellschaft, die nicht von stabiler und liebender Freundschaft geprägt wird, verkümmert. Eine Gesellschaft, in der die Arbeitsverträge unverläßlich werden, verarmt. Eine Gesellschaft aber, die sich nicht mehr auf die Ehe stützen kann, geht ihrer sicheren Auflösung entgegen.[62]

Es muß auch darauf hingewiesen werden, daß das Verständnis der Ehe als Grundlage der Gesellschaft eine (natürliche) Vernunftwahrheit ist; insofern besteht nicht einmal die Notwendigkeit eines Rekurses auf die (übernatürliche) Offenbarung Gottes. Zwar wurde soeben Bezug auf Gottes Wort im Buch Genesis genommen, jedoch ist es auch möglich, die Notwendigkeit der Ehe schon auf rein natürlicher

62 Hahn, Scott: *The First Society*, S. 17.

Ebene darzutun. Um die singuläre Wichtigkeit der Ehe als »natürlicher Institution« zu zeigen, bedarf es keiner Bezugnahme auf die Offenbarungswahrheiten.

Allerdings wird die reine Naturehe[63] erst durch die Gnade der gottgewollten Vollform teilhaftig, so wie auch die natürliche Religion durch die Menschwerdung Christi auf eine ganz neue, vollkommenere Ebene gehoben wird.

Papst Pius XI. hob in seiner Enzyklika *Casti connubii* den »Hauptgrund« für die Institution der Ehe folgendermaßen hervor:

> Die gegenseitige innere ausgleichende Bildung der Gatten, das beharrliche Bemühen, einander zur Vollendung zu führen, kann man, wie der Römische Katechismus (Catech. Rom. II 8, qu. 13) lehrt, sogar sehr wahr und richtig als Hauptgrund und eigentlichen Sinn der Ehe bezeichnen. Nur muß man dann die Ehe nicht im engeren Sinne als Einrichtung zur Zeugung und Erziehung des Kindes, sondern im weiteren als volle Lebensgemeinschaft erfassen.[64]

---

63 Anm. d. Übers.: Zum Begriff der Naturehe (aus: Joseph Braun SJ, *Handlexikon der katholischen Dogmatik*, Freiburg 1926, S. 58): »Ehe (matrimonium, coniugium), im naturrechtlichen Sinne die rechtmäßige dauernde Lebensgemeinschaft eines Mannes und einer Frau zum Zwecke der Erzeugung und Erziehung von Nachkommenschaft.«

64 Papst Pius XI., *Casti connubii*, Rundschreiben über die christliche Ehe vom 31. Dezember 1930, zit. nach: Rohrbasser, Anton: *Heilslehre der Kirche*, Freiburg/Schweiz 1953, S. 1055.

Papst Pius XI. hatte damit eine Präzisierung der kirchlichen Ehelehre vorgenommen, denn mitunter war der Zweck der Ehe als Einheit der Gatten, die ihrem beiderseitigen Wohl dienen soll, gegenüber dem Ehezweck der Kinderzeugung zu stark in den Hintergrund getreten. Auch war manchmal der Aufruf zur christlichen Vollkommenheit, der allen Christen, nicht nur Priestern und Ordensleuten gilt, nicht hinreichend betont worden.

Eine rein natürliche Institution kann für Einzelne und die Gesellschaft sehr gute Wirkungen hervorbringen, indes keinen Zustand der »Vollkommenheit« herbeiführen; dies ist ganz dem Wirken der Gnade vorbehalten. Deswegen hat Gott, wie Pius XI. lehrt, die Ehe zur Würde eines Sakramentes erhoben:

> Den Christen ist das Wort (Sakrament) ja kein leerer Schall: Christus, der Herr, ›der Stifter und Vollender der Sakramente‹ (Konzil von Trient, Sess. XXIV, Denzinger Nr. 969), hat die Ehe seiner Gläubigen zu einem wahren und eigentlichen Sakrament des Neuen Bundes erhoben und sie in Wirklichkeit zum Zeichen und zur Quelle der besonderen, inneren Gnade gemacht, durch die er die ihr innewohnende ›natürliche Liebe vervollkommnen, die untrennbare Einheit festigen und die Gatten heiligen wollte‹ (Konzil von Trient, Sess. XXIV, Denzinger Nr. 969).[65]

Den Zweck, den die Ehe in der gottgesetzten Ordnung hat, erreicht sie vollständig nur durch das Ehesakrament. Das

65 *Casti connubii,* a.a.O., S. 1061

bedeutet nicht, daß eine Naturehe, der die Gnaden des Sakramentes abgehen, keine reale Ehe wäre. Jedoch ist sie in hohem Maße unvollständig, und zwar nicht nur unter rein abstrakten Gesichtspunkten: Auch in einer Naturehe werden die Gatten mit zahlreichen Herausforderungen konfrontiert, aber die sakramentalen Gnaden, die bei ihrer richtigen Bewältigung eine Hilfe sind, fehlen solchen Eheleuten. Diese Gnaden sind als Erhebung und echte Vervollkommnung der natürlichen Fähigkeiten der Eheleute von größtem Wert. Hängt das Eheleben allein von natürlichen Faktoren ab, so kann dies nur nachteilig sein, »denn der Buchstabe tötet, der Geist aber macht lebendig« (2 Kor 3,6).

Die Familie – Gattenfamilie und Großfamilie – ist auf Gott hin auszurichten. Indem die Eheleute durch den Empfang der Sakramente Gott Gerechtigkeit erweisen, werden sie selbst zu Trägern der Gnade, die den anderen Mitgliedern der Familie, und damit der Familie insgesamt, Frieden und Ordnung schenken.

Die Familie hat Anteil an einem gemeinschaftlichen Gut, das durch die Gnade verwirklicht wird. Zum besseren Verständnis, was dieses gemeinschaftliche Gut ist, sei wiederum *The First Society* herangezogen, wo auf das klassische Werk des Philosophen Charles de Koninck *Über den Primat des Gemeinwohls* verwiesen wird:

> Nach De Koninck ist ein gemeinschaftliches Gut weder *lediglich* ein Gut der ganzen Gemeinschaft (im Gegensatz

zum Gut ihrer einzelnen Mitglieder), noch *nur* die Summe des jeweiligen Gutes der Einzelnen (im Gegensatz zum Gut der ganzen Gemeinschaft). Das gemeinschaftliche Gut umfaßt vielmehr das Gut *sowohl* der ganzen Gemeinschaft *als auch* jedes ihrer Mitglieder. Daher ist es seiner Natur nach umfassend und altruistisch; es ist *größer* als das Privatgut der Einzelnen. Das Gemeinschaftsgut ist durch seine *Mitteilbarkeit* gekennzeichnet: Die Personen geben es aneinander weiter, und so fördert es die Gemeinschaft, in der man das Leben nach dem Willen des Schöpfers selbstlos teilt.[66]

Somit besteht einer der Aspekte, unter denen die Familie die »erste Gesellschaft« ist, darin, daß sie der erste Ort der Verwirklichung und Wertschätzung des Gemeinwohls ist. Auf natürlicher Ebene geschieht dieser Prozeß des Verstehens und Aufbaus des Gemeinschaftsgutes im allgemeinen im Sinne einer aufsteigenden Linie: Die Menschen behandeln die Personen, die ihnen am nächsten stehen, anständig und liebevoll, im Gegenzug werden sie auch diesen so behandelt; so wird die Basis für die Überzeugung vom und damit Teilhabe am umfassenderen Gut einer größeren Gemeinschaft gelegt. In der übernatürlichen Ordnung verläuft der Prozeß umgekehrt, von oben nach unten. Im Rückgriff auf De Koninck heißt es in *The First Society*:

Gleich wie unsere Liebe zu einzelnen Personen aus unserer Liebe zu Gott hervorgeht, so unsere Liebe zu einzel-

66 Hahn, Scott: *The First Society*, S. 80 (Hervorhebungen aus dem Originaltext).

nen Gütern – einzelner Personen oder der Gemeinschaften – aus der Liebe zu größeren Gütern. Gott selbst ist das umfassendste Gut der ganzen Schöpfung, und dieses Gut lieben wir deswegen am meisten. Entsprechend müssen wir das Gemeinschaftsgut der Gesellschaft mehr als die partikulären Güter lieben, denn diese beruhen auf jenem.[67]

Indem die Familie die Tugend der Religion *als Familie* übt – und nicht nur als Individuen, die zufällig Namen und Adresse gemeinsam haben –, wird diese Liebe zu Gott gefördert, wodurch die Familie instand gesetzt wird, ihre wesentliche Aufgabe im Plan Gottes zu erfüllen. Einzuschließen ist hier, soweit möglich, der gemeinsame Kirchgang und sicher auch die Rolle der Familie als »Hauskirche«.

Die Pflichten der Religion enden, wie in diesem Buch ständig hervorgehoben wird, nicht an der Tür der Pfarrkirche. Zum Beispiel durch das Beten des Rosenkranzes im Familienkreise vermitteln die Eltern ihren Kindern Gnade. Auf diese Weise geben sie nicht nur ihre eigene Gottesliebe an die Kinder weiter, sondern bringen ihnen zugleich die Familie als Raum der Tugend der Religion zum Bewußtsein: Die Gott bezeigte Gerechtigkeit ist Teil des Gemeinschaftsgutes der Familie.

Die Familie, die von der Tugend der Religion beseelt ist, ist nicht nur für die Struktur und Stärke einer Gesellschaft von ausschlaggebender Bedeutung, sondern auch für die Gerech-

67 Ebd., S. 79.

tigkeit. Diese Rolle erfüllt die Familie, indem sie den Lebenswandel ihrer Mitglieder prägt und damit die Gesellschaft. Die Ordnung im Kleinen bewirkt die Ordnung im Großen.

Für den Einzelnen ist die Familie der erste Ort, an dem er konkret lernen kann, daß Gerechtigkeit möglich ist. Dem weltlichen Geist des Götzendienstes erscheinen nur solche Formen der »Gerechtigkeit« als vorstellbar, die den gegenseitigen Umgang von Götzen charakterisieren[68]: kleinliche Berechnung, ständiger Argwohn, rücksichtslose Konkurrenz. Im Gegensatz dazu vereint die wahre Religion den Christen dem dreifaltigen Gott, in dem zugleich Einheit und Gemeinschaft sind und der die Liebe selbst ist. Die Familie ist nicht nur eine Nachahmung, sondern Teilhabe an der Liebe der göttlichen Trinität.

Also ist die Familie auch der Ort, an dem Kinder erfahren, was Teilhabe am Leben der Dreieinigkeit im Alltagsleben bedeutet, wo auch Mütter und Väter sich um ein ständiges Wachstum in dieser Haltung bemühen. In einer solchen Familie wird der andere nicht als Konkurrent im Kampf um Lebensqualität gesehen, sondern als Gottes Ebenbild. Wie George Bailey es in seinem Buch *It's a Wonderful Life* geschildert hat: Hier ist man bereit, auf eigene Vorteile und Vorlieben zugunsten anderer und der ganzen Familie zu verzichten.

Dieser Geist des Opfers befähigt den Menschen, auch anderen im weiteren Umkreis Gerechtigkeit und Frieden widerfahren zu lassen. Ein Mensch, der auf sein Ich und seine »Privilegien« – d.h. auf sein Privatwohl – fixiert ist, ist

68 Anm. d. Übers.: Man denke an die abstoßenden Verhaltensweisen, welche man im Heidentum den »Göttern« zugeschrieben hat bzw. zuschreibt, z.B. im Hinduismus.

in keinem Falle eine friedvolle und gerechte Persönlichkeit. Friedensstifter ist nur der Mensch, der sich im Gnadenstand befindet und daher weiß, daß kein Mensch in totaler Selbstgenügsamkeit leben darf. Demgegenüber weiß sich eine Familie, die Abbild der Dreieinigkeit ist, ganz selbstverständlich der Gerechtigkeit und ihren Aufgaben verpflichtet.

Am Anfang der Formgebung der Gesellschaft stehen also ihre Familien und die Persönlichkeiten, die in ihnen gebildet werden und dann ins gesellschaftliche Leben eintreten. Geht einer Gesellschaft dieser Geist der Familie – insbesondere was Treue und Beständigkeit anbelangt – verloren, besteht das Ergebnis durchaus nicht in einem Zuwachs an individueller Freiheit, sondern in einer Leere, die alsbald von größeren, aber alles andere als wohlwollenden staatlichen und wirtschaftlichen Institutionen ausgefüllt wird.

Diese Situation bedeutet einen Zusammenbruch des Subsidiaritätsprinzips. Die katholische Soziallehre betont im Sinne dieses Prinzips, daß gesellschaftliche Pflichten auf der jeweiligen Gesellschaftsebene erfüllt werden sollen: Das Wohlergehen der Privathaushalte geht die Familien, das Gemeinwohl der Gesellschaft die jeweils zuständigen Staatsdiener an. Dem Zusammenbruch der Gerechtigkeit folgt der Fortfall ihrer Früchte, d.h. der richtigen Ordnung und des Friedens.

Wenn jedoch die Eheleute und die Großfamilien sich Gott gegenüber gerecht verhalten, indem sie die heiligen Sakramente würdig empfangen und auch das Frömmigkeitsleben innerhalb der Familie pflegen, dann wirken sie mit der Gnade Gottes mit und geben sie an andere weiterer, die ihrer ebenso bedürfen, um ihre gesellschaftlichen Aufgaben im Einklang mit Gottes Willen zu erfüllen. Die Familie ist also nicht nur das wichtigste Element der Gesellschaftsstruktur. Sie wird eine Quelle und ein Kanal der Gnade Gottes, seiner Liebe und seines Friedens; sie trägt Christus in das Leben ihrer Kinder und in die größere Gemeinschaft.

Die Familie ist in Wirklichkeit genau dies. Indem sie Abbild der Einheit und Gemeinschaft der dreifaltigen Gottheit ist, hat sie auf einzigartige Weise Anteil am Plan Gottes für das Leben der Menschen. So wird die Familie gleichsam zu einem Kraftwerk der Gnade. Sie verleiht der Gesellschaft ihre sozial-ökonomische und vor allem göttliche Ordnung. Durch den gemeinsamen würdigen Sakramentenempfang ist die Familie zugleich Symbol und Wirklichkeit der Übernatur.

Das heranwachsende Kind erhält in der Familie einen Begriff davon, was es bedeutet, ein treues Mitglied der übernatürlichen Familie Gottes zu sein, indem es auch lernt, ein treues Mitglied seiner natürlichen Familie zu sein. Die Tugend der Religion – Erfüllung dessen, was der Wahrheit geschuldet ist – ist das einende Band der übernatürlichen und natürlichen Familie.

Doch damit ist nicht alles gesagt, ist ja die Familie auch Bestandteil eines größeren und unentrinnbaren sozialen Gefüges; sie lebt ebensowenig in Isolation wie ein Einzelmensch. So sehr die Gesellschaft auf gute Familien angewiesen ist, bedürfen die Familien der loyalen Unterstützung durch die Gesellschaft. Die Tugend der Religion gewährleistet die Integrität und die Zielausrichtung, die es jeder Person, Familie und Gemeinschaft gestatten, ihre ihnen jeweilige von Gott gestellte Aufgabe zu erfüllen.

Kapitel 14: Die wahre Religion gibt der Gesellschaft Einigkeit

Bei Produktionen der Branche des sog. Realitätsfernsehens (»Reality-TV«) sind die wichtigsten Personen nicht die Darsteller oder Moderatoren, sondern die Regisseure. Die Darsteller sorgen für das Rohmaterial, die Moderatoren bringen es in eine gewisse vorläufige Ordnung, aber die »Realität« des Realitätsfernsehens wird von den Regisseuren kreiert.

Die Regisseure haben die Aufgabe, das viele Stunden umfassende Filmmaterial, eine Mischung aus Gesprächen, Konflikten und Schuldeingeständnissen, zu einer ansprechenden Handlung auszugestalten. Ob sie dem entspricht, was sich zwischen den Darstellern in Wirklichkeit zugetragen hat, ist dabei vollkommen irrelevant; es geht darum, die Aufmerksamkeit und Phantasie der Zuschauer zu fesseln.

Daher besteht Realitätsfernsehen aus konstruierter Realität. Zwar ist dies irgendwie bekannt, aber die Atmosphäre, die von den Regisseuren und Produzenten geschaffen wird, vermag zumindest so viel »Authentizität« vorzutäuschen, daß der Zuschauer seine berechtigte Skepsis in einem gewissen Umfang beiseite läßt. Die wahre Geschichte ist ausschließlich den Regisseuren bekannt, und so ist der Zuschauer auf das angewiesen, was die Regisseure ihm präsentieren. Wirkt dies einigermaßen überzeugend, so ist der Zuschauer zufrieden, seinen kritischen Sinn ausblenden zu können, und mit ihm seinen Wunsch, die tatsächliche Geschichte kennenzulernen.

Die liberalistisch-säkularistische Gesellschaft ist wie eine überdimensionale »Reality-TV«-Darbietung. Die Rede ist nicht von Produkten wie *Matrix* oder irgendeiner ausgeklügelten »Verschwörungstheorie«. Es geht darum, daß die Leugnung der religiösen Wahrheit in einer konstruierten Realität endet, in der verschiedene Narrative in suggestiver, aber inkohärenter Form einer ansonsten unverständlichen Realität übergestülpt werden.

Der sog. Fortschritt ist ein offensichtliches Beispiel dafür, wie eine solche Form der Realitätsverfremdung weiten Kreisen nahegebracht wird. Ein anderes ist die – rechte oder linke – »Identitätspolitik«. Politik hat messianische Dimensionen angenommen; jede politische Wahlperiode bereitet »auf die wichtigsten Wahlen der Geschichte« vor, denn es gehe, wie man versichert, durchaus nicht nur um die jeweiligen Parteien und ihre Kandidaten, sondern um grundlegendste Gesellschaftsprinzipien. Ein banaleres Beispiel ist die Sportberichterstattung, welche die Medien aber so gestalten, als hinge Weltbewegendes von den Ereignissen des Sports ab; viele folgen dieser Berichterstattung, und sehen darin, zumindest teilweise, den Sinn ihres Lebens.

»Real« ist dergleichen in dem Sinne, daß die Narrative als solche real sind und die Realitätswahrnehmung von Menschen beeinflussen. Wenn auch z.B. der Mythos des »Fortschritts« evidenter Nonsens ist, so hat er dennoch die Kraft, das Weltbild und Verhalten von Personen maßgeblich zu prägen – ganz ähnlich wie eine Produktion aus dem »Reality-TV« dem Zuschauer die auftretenden Personen in einem bestimmten Licht erscheinen läßt. Das Problem: Eine solchermaßen wahrgenommene Realität ist (ganz oder teilweise) inexistent.

Die Schilderung der sozialen und historischen Realitätsverfremdungen des säkularistischen Götzendienstes dürften dem Leser noch im Gedächtnis sein. Die Götzen werden Bestandteil der Realität und gewinnen im weiteren Verlauf eine Art von Eigenleben. Alsbald wird dieses Surrogat der Realität von vielen für authentisch gehalten, ähnlich wie von naiven Zuschauern das »Reality-TV«.

In den sechziger Jahren entwickelte der amerikanische Psychiater William Glasser einen neuen Ansatz der Psychotherapie, deren Ziel es war, Patienten aus ihrer Abhängigkeit von irrealen Vorstellungen zu befreien. Glasser hielt für die Gesundung dieser Patienten drei Faktoren für auschlaggebend: Realismus, Verantwortlichkeit, Bewußtsein von Richtig und Falsch. Die Therapie sah keine unvermittelte und schroffe Konfrontation mit der Realität vor, sondern sie sollte die Patienten dazu führen, ihren Bedürfnissen und Wünschen auf eine realistische Weise nachzukommen, wobei sie sich auch eine realistische Sicht ihrer eigenen Erfolge und Mißerfolge in diesem Prozeß aneignen sollten.

Realität gibt einem Menschen Kraft, während Phantastereien ihn schwächen. Behandelt man die Realität nicht so, wie sie ist, sondern so, wie man sich sie wünscht, besteht das Ergebnis in Enttäuschung. Nun ist liberalistischer Säkularismus, wie gezeigt wurde, eine solche Phantasterei. Er blendet die Realitäten der Göttlichen Vorsehung, der Kirche und des Wirkens der Gnade aus. Seine Versuche, auf der Basis von reinen Phantasieprodukten Gerechtigkeit und Frieden zu schaffen, sind zum Scheitern verurteilt.

Klar wird dies an einem bestimmten Beispiel besonders beliebter Medien, nämlich den immer zahlreicheren Nachrichtenmedien. Diese sind parteiisch und voreingenommen und berichten entsprechend. Menschen halten diese Medien für glaubwürdig, mit der Folge, daß sie in unterschiedlichen Realitäten leben. Man geht nicht fehl, wenn man feststellt, daß die Nachrichtenredakteure und -produzenten nicht weniger »Produzenten« von Realitäten sind als ihre Kollegen vom »Reality-TV«. Dabei sind die Folgen für die reale Welt und für den sozialen Zusammenhalt noch weitaus bedenklicher.

Das Beispiel ist nur eines von vielen für die Tendenzen von Verfremdung und Polarisierung der sog. Westlichen Welt. Manchmal hatte die Beteuerung, Gerechtigkeit und Ordnung seien am ehesten zu garantieren, wenn der Diskurs über die Religion im Sinne säkularistischer Neutralität beiseite gelassen wird, etwas Verheißungsvolles. Schließlich macht sich aber wieder die Realität geltend. Löst sich die Politik von der Religion, werden notwendigerweise Kräfte entfesselt, die auf eine Zerrüttung der Gesellschaft hinarbeiten.

Die Gemeinschaft mit den Mitmenschen – als Abbilder Gottes – hängt von der Gemeinschaft mit Gott ab. Distanz gegenüber Gott bewirkt die Distanz der Menschen zueinander.

Begründet liegt dies darin, daß Gemeinschaft eine Wirkung der Gnade, Entzweiung eine Wirkung der Sünde ist. Dem steht nicht die Erklärung Christi entgegen, daß er nicht gekommen ist, »Frieden zu bringen, sondern das Schwert«, und weiter: »Denn ich bin gekommen, zu entzweien den

Menschen wider seinen Vater, die Tochter wider die Mutter, und die Schwiegertochter wider ihre Schwiegermutter; und des Menschen Hausgenossen werden seine Feinde sein« (Mt 10,34–36). Diese Art der Entzweiung ist nicht von Christus *verursacht*, vielmehr dadurch, daß man ihn nach seiner Menschwerdung zurückweist. Die Möglichkeit, sich für ihn – Gnade und Frieden, die von Gott angeboten werden – zu entscheiden, schließt die Möglichkeit ein, sich gegen ihn zu entscheiden.

Hier keine Wahl zu treffen, wie es der Säkularismus zu tun vorgibt, bedeutet in Wirklichkeit, sich gegen Christus zu entscheiden, wie es Christus selbst sagt: »Wer nicht mit mir ist, ist wider mich; und wer nicht mit mir sammelt, zerstreut« (Mt 12,30). Christus sagt nicht, daß man auf seiner Seite steht, sofern man sich nicht gegen ihn stellt, sondern daß jeder, der ihm bewußt nicht folgt, sich in Gegensatz zu ihm stellt.

Diese Feststellung mag hart erscheinen, entspricht aber der Realität. Der Einzelne, die Familien und Gesellschaft können sich angesichts der Wirklichkeiten der Liebe und Gnade Gottes nicht auf einen Standpunkt »vornehmer Neutralität« zurückziehen. Es ist schlicht ungerecht, gegenüber einem Gott, der so viel für die Menschheit getan hat, auf kühlen Abstand gehen zu wollen. Es ist Vermessenheit, zu meinen, die heilende, erhebende und vervollkommnende Gnade, die Gott anbietet, sei auch ohne deren Annahme durch den Menschen wirksam.

Wer mit Gott ist, sammelt; wer gegen ihn ist, zerstreut. Es sei an die vollkommene Gemeinschaft des Paradieses erinnert, die durch die Sünde zerstört wurde; Folge war die Vertreibung Adams und Evas aus dem Paradies (vgl. Gen 3,23–24). Judas hatte Christus verraten, sich der Verzweiflung überlassen und ist dann von der Gemeinschaft des Apostelamtes »abgefallen, um hinzugehen an seinen Ort« (Apg 1,25). Gemeinschaft mit Christus ist Grundlage der zwischenmenschlichen Gemeinschaft, im Großen wie im Kleinen. Der Abfall von Gott verunmöglicht eine bleibende Harmonie der gefallenen Geschöpfe.

Diese Bemerkungen rufen auch die sakramentale Gemeinschaft mit Christus, die heilige Kommunion, in Erinnerung. Im Beiwohnen der Messe und im Kommunionempfang geschieht sowohl ein Akt der öffentlichen Gottesverehrung als auch ein Akt der Gemeinschaft eines Christen mit den anderen. Das heilige Meßopfer ist daher in ganz herausragender Weise ein *politischer* Akt, keineswegs im Sinne von Interessenpolitik, vielmehr, indem in ihm die Grundlage jeder Politik Gegenwart wird.

Ohne das Meßopfer, also ohne Christus, das Zentrum allen Gemeinschaftslebens, kann es keine Möglichkeit geordneten menschlichen Zusammenlebens geben. Die Menschen mögen dann in Städten oder als Nachbarn zusammenhausen, aber eine gesellschaftliche Wirklichkeit, die aus mehr denn aus Einzelnen und – vielleicht – Gattenfamilien besteht, ist nicht mehr vorstellbar. (»So etwas wie eine Gesellschaft gibt es nicht«, wie Margaret Thatcher in einem mißglückten Versuch antikollektivistischer Polemik meinte.)[69] Eine Ethik zwischenmenschlicher Selbsthingabe, die

69 Interview mit Margaret Thatcher, geführt von Douglas Keay; *Woman's Own*, Ausgabe vom 31. Oktober 1987 (im Internet abrufbar: https://margaretthatcher.org/document/106689).

über den eigenen Haushalt hinausweist, erscheint dann bestenfalls als sonderbar.

Das Fazit besteht im Mißtrauen aller gegen alle, auf allen Ebenen der Gesellschaft, in stetig zunehmender Einsamkeit, da echte Freundschaften nicht mehr eingegangen werden, in ständigem politischem Zwist, bedingt durch die Erosion gemeinsamer Werte. Der Wunsch, sich zusammen mit anderen für eine Sache einzusetzen, begegnet sogleich der ernüchternden Feststellung, daß andere diese Sache wütend ablehnen. Wo der eine Sicherheiten wahrnimmt, sieht ein anderer im Gegenteil Gefahren. Was jemandem als gänzlich vertrauenswürdig gilt, hält ein anderer für höchst verdächtig.

❧

Die beschriebene Zwietracht ist Teil der Situation, in der sich der Mensch nach dem Sündenfall befindet. Doch mit dieser Feststellung ist es nicht getan. Es ist schließlich bekannt, daß die Gesellschaft einmal stärker geeint *war*, also stärker geeint sein *kann*. Und was noch wichtiger ist: Diese wie andere schlimme Folgen der Erbsünde sind nicht unbeschwert hinzunehmen, sondern ihnen ist durch das Hinarbeiten auf den Frieden, im Mitwirken mit der Gnade Gottes, zu begegnen.

Niemand kann bestreiten, daß die Realität der Sünde keine Entschuldigung ist, eine Sünde zu begehen. (Im Augenblick einer konkreten Versuchung mag dies weniger deutlich bewußt sein, doch darum geht es nicht.) Christus hat die Sünde am Kreuz besiegt, und die Gnadenfrüchte dieses Sieges, die in den Sakramenten der katholischen Kirche vermittelt werden, sind stärker als alles menschliche Versagen. Deswegen ist nicht nachzuvollziehen, weshalb gesellschaftliche Unordnung ein unentrinnbares Verhängnis sein soll.

Die Gesellschaften sind nur dann zur Uneinigkeit verurteilt, wenn sie, wie es nach der sogenannten Aufklärung fast immer der Fall war, ein ihnen übergeordnetes Einheitsprinzip (ein gemeinsames Gut) von vornherein ausschließen. Politische Führungsgestalten, Parteien oder Prinzipien können, da sie selbst *Teil* der Gesellschaft sind, kein solches Einheitsprinzip für die Gesellschaft *als ganze* abgeben. Versuche in diese Richtung beruhen immer auf einer Verzeichnung des Begriffs des Gemeinwohls, denn dieses kann nicht – wie es im Totalitarismus geschieht – mit dem Staat oder einer politischen Leitungsfigur in eins gesetzt werden.

Das echte Einheitsprinzip, das nicht von der politischen Ordnung hergeleitet wird, besteht in der Person Jesu Christi. Er steht allen Irrtümern entgegen: Den Trugbildern des Liberalismus ebenso wie dem Zwang des Faschismus, der Illusion des Konsumismus wie der Qual des Kollektivismus, den vermeintlichen Sicherheiten (rechter oder linker) »Identitätspolitik«, wie dem sentimentalen Humanismus.

Jesus Christus steht als das Prinzip, das die Gesellschaft zu einen vermag, außerhalb ihrer und ist ihr übergeordnet. Christus vermag alle zu einen. Er beruft alle Menschen zu sich, unabhängig von Rasse, familiärem Hintergrund, politischen Neigungen, Tugenden, Lastern oder Versuchungen. Er will, daß alle zunächst mit ihm und dann durch ihn geeint sind.

Angesichts der Wahrheit, daß die Menschen in ihrer Verschiedenheit in Jesus Christus geeint sein sollen, stellt sich die emotionsgeladene Frage, ob religiöser Pluralismus möglich ist. Es ist ja eine unbestreitbare Tatsache, daß die Menschen sich in zunehmendem Maße ganz unterschiedlichen religiösen Meinungen anschließen. Alle Völker sind zur Einheit in Christus berufen, andererseits gibt es Menschen, die Christus oder Aspekte seiner Offenbarung ablehnen. Eine aufgrund der Religion geeinte Gesellschaft erscheint als furchterregende Theokratie.

Dem ist klar und deutlich zu entgegnen, daß bereits Theokratie herrscht. Jedes politische System ist in einem doppelten Sinne eine Theokratie: *Erstens* liegt, wie bereits oben dargelegt, jeder Form politischer Ordnung ein bestimmter Standpunkt zugrunde, wie mit Religion umzugehen ist, der auch in die Praxis umgesetzt wird. Insbesondere gilt dies für den aggressiven Säkularismus. Religiös neutrale Politik ist eine bare Unmöglichkeit, denn jede Politik orientiert sich an einem Menschenbild – mit dem damit verbundenen Wahrheitsanspruch. *Zweitens,* und das ist noch wichtiger, *ist* die Welt – wie das gesamte Universum – eine Theokratie. Alles ist Christus unterworfen. Es geht hier um keine »weltanschauliche Frage«, sondern um die schlichte Realität. Die Frage besteht vielmehr darin, wie mit dieser Realität umgegangen wird; ob sie theoretisch und praktisch anerkannt oder verneint bzw. aktiv bekämpft wird. Im ersteren Fall erfährt die Gesellschaft Stärkung und Hilfe durch die Gnade Gottes; in letzterem Zerbrechen und Zerrüttung, die notwendig mit praktischer

Gottesleugnung einhergehen. Im Kontext der Wahrheit vom Sozialen Königtum Christi erweist sich Pluralismus als eitler Wahn. Daß es *de facto* verschiedene Weltanschauungen gibt, ist eine Selbstverständlichkeit. Man denke an die zahlreichen Formen des Mohammedanismus, das Neuheidentum, sektiererische Abspaltungen von der Kirche. Jedes einzelne dieser Phänomene erfordert seine eigene theologische und kulturanthropologische Sichtung. Nichtsdestoweniger gibt es objektiv – vom Standpunkt Gottes – nur eine einzige wahre Gottesverehrung, d.h. eine einzige wahre Religion, welcher der Mensch in seinem Verhalten entsprechen muß.

Auf diesem Hintergrund erscheint die Behandlung der verschiedenen Weltanschauungen als »gleichberechtigte Teilnehmer am religiösen Wettbewerb« als faktischer Polytheismus, in dem verschiedenen Göttern, die alle irgendwie anerkannt werden, eine unbestimmt-vage Reverenz erwiesen wird. Da die verschiedenen Religionen aber letztlich nicht inhaltlich miteinander versöhnt werden können, läuft dies auf eine Vergötzung des Subjektivismus hinaus, der seinerseits aufgrund der ihm innewohnenden Widersprüchlichkeit dazu führt, die Frage nach der religiösen Wahrheit für grundsätzlich unlösbar zu halten.

Des weiteren entspricht Pluralismus nicht dem Naturzustand des Menschen. Unter diesem Naturzustand wird hier nicht die bloße Tatsächlichkeit menschlicher Verhaltensweisen oder gesellschaftlicher Befindlichkeiten verstanden, die man in einem anderen als dem hier gemeinten Sinne als »natürlich« umschreiben könnte. Vielmehr geht es um den Zustand der Menschennatur, der ihr von Gott gegeben ist. Ihre maximale Vervollkommnung erhält die Menschennatur durch die heiligmachende Gnade. Sie ist jedem Menschen aufrichtig zu wünschen, denn in ihr besteht der Sinn des Lebens. Schrift und Tradition könnten es nicht noch klarer zum Ausdruck bringen: Die Kirche als Mystischer Leib Christi ist ihrem Wesen und Anspruch nach katholisch, d.h. universal. Das Evangelium muß allen Völkern gepredigt werden, um alle zu Christus zu bringen. Papst Benedikt XVI. brachte dies am 12. September 2008 in einer Ansprache an die Académie française folgendermaßen zum Ausdruck:

> In der Tat haben die Christen der werdenden Kirche ihre missionarische Verkündigung nicht als Propaganda aufgefaßt, die dazu dienen sollte, ihre eigene Gruppe zu vergrößern, sondern als eine innere Notwendigkeit, die aus dem Wesen ihres Glaubens folgte: Der Gott, dem sie glaubten, war der Gott aller, der eine, wirkliche Gott, der sich in der Geschichte Israels und schließlich in seinem Sohn gezeigt und damit die Antwort gegeben hatte, die alle betraf und auf die alle Menschen im Innersten warten. Die Universalität Gottes und die Universalität der auf ihn hin offenen Vernunft ist für sie der Grund der Verkündigung und zugleich die Verpflichtung dazu. Für sie gehörte ihr Glaube nicht der kulturellen Gewohnheit zu, die je nach Völkern verschieden ist, sondern dem Bereich der Wahrheit, die alle gleichermaßen angeht.[70]

70 Papst Benedikt XVI., Ansprache in Paris vom 12. September 2008 (Übersetzung entnommen von der Internetpräsenz des Hl. Stuhls: https://www.vatican.va/content/benedict-xvi/de/speeches/2008/september/documents/hf_ben-xvi_spe_20080912_parigi-cultura.html).

Wie kann dieses Verständnis der Religion – als dem Bereich der Wahrheit zugehörig – den Menschen und Gesellschaften unter den heutigen Umständen vermittelt werden? Die Forderung nach der Einheit der Gesellschaft in Christus erscheint als sehr weitreichend; den meisten vermutlich sogar als völlig überzogen. Freilich besteht die Grundlage dieser Forderung in der objektiven Realität der Berufung des Menschen zur Teilhabe am Leben des dreifaltigen Gottes. Wie aber kann sie hier und jetzt zur Geltung gebracht werden?

Dazu eine Bemerkung über das Königtum Christi. Oben wurde von diesem Königtum mit Blick auf die gesellschaftliche Ordnung gesprochen. Es besteht aber primär im königlichen Priestertum, das Christus im Himmel innehat. Entsprechend begegnet der Christ diesem Priestertum in erster Linie nicht in der politischen Gesellschaft, sondern in und durch die Kirche. Christus ist deswegen (auch und primär) König über das Innere des Menschen; er ist König der Herzen. Die Bekehrung der Gesellschaft und der Aufbau jeglicher Zivilisation nehmen ihren Anfang in der Bekehrung der Herzen zu Jesus Christus.

Papst Benedikt XVI. äußerte sich in diesem Sinne an einer anderen Stelle der angeführten Ansprache. Er richtete sich in ihr während seiner Reise nach Frankreich an »Vertreter aus der Welt der Kultur«. In seiner Ansprache kam er auch auf die christlichen und genauer monastischen Wurzeln der europäischen Kultur zu sprechen und betonte dabei, daß es den Mönchen nicht zunächst um eine zivilisatorische Leistung ging:

> Da ist zunächst und als erstes ganz nüchtern zu sagen, daß es nicht ihre Absicht war, Kultur zu schaffen oder auch

eine vergangene Kultur zu erhalten. Ihr Antrieb war viel elementarer. Ihr Ziel hieß: *quaerere Deum* [Gott suchen]. In der Wirrnis der Zeiten, in der nichts standzuhalten schien, wollten sie das Wesentliche tun – sich bemühen, das immer Gültige und Bleibende, das Leben selber zu finden. Sie waren auf der Suche nach Gott. Sie wollten aus dem Unwesentlichen zum Wesentlichen, zum allein wirklich Wichtigen und Verläßlichen kommen.[71]

Die von Papst Benedikt XVI. geschilderte schwierige Periode des Zusammenbruchs des alten Rom und Erstehen des Mittelalters gleicht der heutigen, von der Papst Franziskus als einer Zeit der »Wegwerfkultur« gesprochen hat. In ihr gilt nichts als dauerhaft – alles steht zur Disposition. Das Verhalten der erwähnten Mönche zeigt die adäquate Antwort auf eine solche Mentalität: Orientierung am Gültigen, Bleibenden, Wesentlichen und Universalen. Jesus Christus, die zweite Person der göttlichen Dreieinigkeit, die Mensch geworden ist, ist in jeder heiligen Messe gegenwärtig; die Gnade Gottes kann auch den heutigen Christen und die ganze Welt neugestalten, sofern man sich ihrem Wirken öffnet.

Davon hängt die Zukunft der Gesellschaft ab; nur so kann die gefallene Menschennatur emporgehoben und geheiligt werden. Zivilisation setzt die Heiligung des Menschen voraus. Es gibt keine Zivilisation ohne die wahre Religion.

---

71 Ebd.

Kapitel 15: Die Zukunft der Gesellschaft hängt vom wahren Glauben ab

Der 11. September 2001 ist mit den Tagen vergleichbar, an denen der Angriff auf Pearl Harbor erfolgte oder Präsident Kennedy ermordet wurde. Solche Tage werden allen Amerikanern, die alt genug waren, sie bewußt mitzuerleben, für immer im Gedächtnis bleiben. Abgesehen von den damit verbundenen Schrecken hat der 11. September innerhalb kürzester Zeit – innerhalb einer Stunde – das Bild, das wir als Amerikaner von den Vereinigten Staaten hatten, stark verändert. Die Meinung, der Friede und die Sicherheit der Vereinigten Staaten seien durch nichts zu erschüttern, wich einer neuen Wahrnehmung der Realität.

Man stelle sich jedoch vor, statt der wenigen Terroristen, die sich der Flugzeuge am 11. September zur Ausführung des Angriffs bedienten, wären im Spätsommer 2001 etliche Millionen Terroristen in Boston gelandet. Sie hätten dann die Stadt niedergebrannt, wären anschließend die Ostküste entlang nach Manhattan gezogen, das sie ebenfalls gebrandschatzt und geplündert hätten; den Central Park hätten sie besetzt, die Wall Street dem Erdboden gleichgemacht und zu guter Letzt die Freiheitsstatue niedergerissen. – Ungefähr in dieser Weise haben die Römer den Anfang des 5. Jahrhunderts erlebt.

Im Jahre 410 gelangte der Westgotenkönig Alarich über Norditalien nach Rom und schloß die Ewige Stadt ein. Dies geschah nicht gänzlich unerwartet: Es handelte sich um die dritte Belagerung Roms durch Alarich innerhalb von drei Jahren; die römischen Streitkräfte unter Kaiser Honorius hatten sich im Widerstand gegen die Westgoten jedesmal als machtlos erwiesen. Schließlich nahm Alarich, der Inkompetenz und Uneinsichtigkeit des Kaisers müde, die Stadt kurzerhand ein.

Wiewohl diese Wendung der Ereignisse voraussehbar war, herrschte in Rom allgemeines Entsetzen. Man war sich des wankelmütigen Charakters des Kaisers nicht bewußt, oder huldigte abergläubischen Vorstellungen, die es dem durchschnittlichen Römer als eine Unmöglichkeit erscheinen ließen, daß die Stadt fallen könne. Eine Einnahme Roms? Genauso hätte das Meer austrocknen oder der Mond zum Kauf angeboten werden können. Ähnlich unsinnig, so dachte man, sei die Eroberung der ewigen Stadt, die seit 800 Jahren keinem Feind gelungen war.

Der hl. Hieronymus, der zur Zeit dieses Geschehens in Bethlehem an einem Kommentar zum Buch Ezechiel arbeitete, schrieb dazu:

> Wer hätte gemeint, daß die Stadt Rom, begründet auf in der ganzen Welt errungenen Siegen, fallen würde; daß es zugleich die Mutter und das Grab der von ihm beherrschten Völker sein würde; daß die Stadt, welche über die Küsten des Orients, Ägyptens und Afrikas geherrscht hatte, auch von ihren Sklaven und Mägden bewohnt werden würde; daß das heilige Bethlehem täglich Vornehme beiderlei Geschlechts, die einst Reichtum im Überfluß besaßen, als Bettler aufnehmen würde? (...) Zu keiner Stunde und in keinem Augenblick nehmen wir nicht Brüder auf,

und statt der Abgeschiedenheit des Klosters haben wir jetzt den Zudrang eines Gästehauses. (...) Wir können nicht ohne Tränen sehen, daß jene einstige Macht und wohlhabende Unbekümmertheit in eine so große Hilflosigkeit geraten ist, daß sie des Obdachs, der Speise und der Kleidung ermangelt.[72]

Von nun an änderte sich alles. Zwar zog sich Alarich später zurück und das Reich schleppte sich noch mühsam ein halbes Jahrhundert fort, aber in jenem Moment war klar geworden, daß von nun an nichts mehr sein würde wie zuvor. Das Gefühl gesellschaftlicher und politischer Sicherheit, das man fast ein Jahrtausend lang gehabt hatte, war dahin. Die damaligen Menschen des Mittelmeerraums beschäftigten ähnliche Fragen wie den heutigen Christen, der das langsame Hinwelken der Christenheit sieht: Was ist geschehen, und wie sieht die Zukunft aus?

Auch der heilige Augustinus erörterte solche Fragen in seinem Buch *Vom Gottesstaat* (*De civitate Dei*). Augustinus war im nordafrikanischen Teil des Römischen Reichs geboren worden. Im ausgehenden 5. Jahrhundert war er Bischof von Hippo, einer Stadt im Nordwesten Algeriens, die jetzt den Namen Annaba trägt. Er hatte unter den Schrecken zu leiden gehabt, welche die Westgoten, aber auch Angehörige des Römischen Reiches verbreiteten. Viele dieser Römer

72 Übersetzung aus dem Lateinischen: Migne, PL t. XXV, c. 75, 199

waren der Meinung, das Christentum habe das Reich seiner ursprünglichen Kraft beraubt. In seinem meisterhaften Werk *Vom Gottesstaat* erklärte Augustinus u.a., warum diese Anklage gegenstandslos war und schilderte das Christentum unabdingbare Voraussetzung zum Wiederaufbau der Zivilisation.

Es wäre reine Torheit, ein an Tiefgang und Umfang so reiches Werk in wenigen Sätzen zusammenfassen zu wollen. Für unsere Zwecke genügen einige allgemeine Bemerkungen zum Ansatz, den der hl. Augustinus zur Bewältigung der Krise der Zivilisation entwickelt hat. Er unterscheidet zwischen der Stadt Gottes und der Stadt des Menschen. Auf diese Weise will der Heilige die Christen ermutigen, ihre Hoffnung auf Gott zu behalten und sich nicht auf innerweltliche Faktoren zu stützen. Der Sturz Roms bedeutete keineswegs ein Versagen des Christentums, denn keine menschlichen Wechselfälle können die Liebe und Gnade Christi ihrer Bedeutung entleeren.

Das Übel und die Unsicherheit, die man erlebt, sind – auch auf politischer Ebene – stets eine Folge der Sünde, der Zurückweisung der Liebe und Gnade Gottes. Das Problem Roms bestand nicht darin, daß es christlich geworden, sondern daß es – konfrontiert mit der neuen Realität der Menschwerdung Gottes – in unzureichender Weise christlich geworden war. Der einzuschlagende Weg besteht demnach in einer Verchristlichung dessen, was noch von der Gesellschaft übrig ist. Dies kann nicht auf dem Wege militärischer Maßnahmen oder politischer Winkelzüge erreicht werden, sondern durch Glaubensverkündigung, welche die Menschen zu konsequenten Christen macht.

Augustinus hegte eine große Bewunderung für Cicero, dem er, obwohl dieser Heide war, einen entscheidenden Einfluß auf seine Bekehrung zuschrieb. Wohlvertraut war dem heiligen Augustinus namentlich Ciceros Werk *De officiis*, von dem bereits die Rede war. Augustinus stimmt mit Ciceros Standpunkt überein, daß Religion, d.h. die Erfüllung einer naturrechtlichen Pflicht, die sich aus der Weltordnung ergibt, ein wesentlicher Bestandteil einer sicheren und zukunftsfähigen politischen Ordnung ist. Es versteht sich von selbst, daß Augustinus Ciceros Religionsverständnis erweiterte, indem er auf die Verpflichtung hinwies, die wahre Religion und die durch die Kirche vermittelte Gnade anzunehmen.

Nach Augustinus und Cicero bedeutet die menschliche Gerechtigkeit volle Entfaltung der menschlichen Natur. Die ultimative Form der Gerechtigkeit hat das Verhältnis des Menschen zu seinem Schöpfer, dem dreieinen Gott, zum Gegenstand, der den Menschen zur Teilnahme an seiner Natur beruft. Der Christ erfüllt seine Pflichten als Mitglied der Gesellschaft, vor allem aber der Kirche, wenn er treu die Tugend der Religion übt.

Die Berufung des Menschen zur Kirche hängt mit seiner Geschöpflichkeit zusammen. Als Geschöpf ist er verpflichtet, zu Gott nicht in irgendeinem, sondern im gottgewollten Verhältnis zu stehen. Aufgrund der göttlichen Einsetzung der Kirche, des Mystischen Leibes Christi, dem der Christ durch die Taufe eingefügt wird, hat er auch zu ihr eine innere Beziehung. Sie dient der Heiligung des Christen.

Zur vollen Entfaltung seiner Natur gelangt ein Mensch, wenn er durch die Kirche im rechten Verhältnis zu Jesus Christus steht. In der Kirche nämlich wird die Tugend der Religion in ihrer Vollform möglich: die Kirche vermittelt durch das Meßopfer und die Sakramente die Gnade Gottes. Ohne die Kirche ist kein Wachstum in der den Menschen heiligenden Verbundenheit mit Christus möglich.

In dem Maße, in dem die Gesellschaft auf Heiligkeit angewiesen ist, ist sie demnach auf die Kirche angewiesen. Damit ist nicht nur die Ausspendung der Gnade durch die kirchlichen Amtsträger gemeint, sondern auch der Bezug zur Triumphierenden Kirche des Himmels. Die Engel und Heiligen legen fortwährend Fürsprache für die Menschheit ein, und nur Gott weiß, um wieviel schlimmer der Zustand der Gesellschaft ohne diese Fürsprache wäre. Trotz menschlichen Versagens, das es in der Kirche immer gegeben hat, ist sie wesenhaft heilig und gibt deswegen den Menschen jederzeit die Möglichkeit, heilig zu werden.

Der Mensch ist zur Teilhabe am durch die Kirche vermittelten Leben Gottes berufen. Gott bietet durch die Kirche jedem die volle Entfaltung des in der Menschennatur liegenden Potentials an. Die Betätigung der Tugend der Religion durch Gebet, Teilnahme am Meßopfer und regelmäßigen Sakramentenempfang macht es möglich, auch andere Erfordernisse der Gerechtigkeit zu erfüllen.

Die heutige Gesellschaft befindet sich – wie die des 5. Jahrhunderts – in einer tiefen Krise. Zu ihrer Bewältigung ist die heutige wie die damalige Gesellschaft auf Christus verwiesen. Um aber der Menschheit den Frieden und die Gnade Christi zu bringen, bedarf es Einsatzes der Christen.

In der Bergpredigt sagte Christus seinen Zuhörern:

Ihr seid das Salz der Erde; wenn nun das Salz seine Kraft verliert, womit soll man es salzen? Es taugt zu nichts mehr, als dass es hinausgeworfen und von den Menschen zertreten werde.

Ihr seid das Licht der Welt. Eine Stadt, die auf einem Berge liegt, kann nicht verborgen bleiben. Auch zündet man keine Leuchte an und stellt sie unter den Scheffel, sondern auf den Leuchter, damit sie allen leuchte, die im Hause sind. (Mt 5,13–15)

Der Christ ist berufen, das Licht der Gnade und Liebe in die Welt zu tragen. Das Licht Christi soll nicht nur den eigenen Weg erhellen, sondern auch den anderer. Andere geben dann dieses Licht wieder weiter. Eine Gruppe solcher Menschen vermag ein desto größeres Licht zu spenden. Unter den heutigen Umständen soll der Christ sich darum bemühen, den ihm Nächststehenden das Licht Christi weiterzureichen. Dann können sie gemeinsam wie eine »Stadt, die auf einem Berg liegt«, ein klar sichtbares Zeichen sein.

Übrigens erschiene es als widersinnig, wollte z. B. ein Mann nur für sich selbst die Gnade Christi, nicht aber für seine Ehefrau, seine Kinder und Nachbarn, oder nur für seine Nachbarschaft, aber nicht für die ganze Stadt oder wohl für die Stadt, aber nicht für das ganze Land bzw. die ganze Welt. Zwar ist es unmöglich, all diese Ziele zugleich und jederzeit zu erreichen, jedoch soll und muß man sie alle wirklich erreichen *wollen*. Unter Hinweis auf die soeben angeführten Worte Christi hatte Kardinal Ratzinger schon in den Achtzigerjahren vor der Gefahr einer Privatisierung der Religion gewarnt:

> Die Weite der Seele, in der die menschliche Berufung besteht, ist größer als der individuelle Aspekt menschlicher Existenz und kann nicht auf die reine Privatsphäre eingeengt werden. Eine Gesellschaft, die spezifisch Humanes (d.h. die Berufung zur Gemeinschaft mit Gott und zum Nachdenken über ihn) in etwas bloß Privates verkehrt, definiert sich als vollständige Säkularität (die zudem unausweichlich zur Pseudo-Religion und einem allumgreifenden System wird, welches die Menschen unterjocht) – eine solche Art von Gesellschaft wird von ihrem Wesen her leidvoll und ein Ort der Verzweiflung sein: Sie beruht auf einer Herabminderung der Menschenwürde. Eine Gesellschaft, deren politische Ordnung konsequent im Sinne des Agnostizismus gestaltet wird, ist keine befreite, sondern der Verzweiflung anheimgefallene Gesellschaft, sie ist geprägt vom Menschen, der vor Gott flieht und sich im Selbstwiderspruch befindet. Eine Kirche, die nicht den Mut hätte, die Öffentlichkeitsrelevanz ihres Menschenbildes zu unterstreichen, wäre nicht länger das Salz der Erde, das Licht der Welt, die Stadt auf dem Berge.[73]

73 Ratzinger, Joseph: *The Yes of Jesus Christ: Spiritual Exercises in Faith, Hope and Love (Auf Christus schauen: Einübung in Glaube, Hoffnung, Liebe*, englische Übersetzung von Robert Nowell), Crossroad 2005, S. 76 (Hier aus dem Englischen rückübersetzt.)

Es ist dem unbemerkten Einfluß des Säkularismus zuzuschreiben, wenn oft nur eine Heilung, nicht aber zugleich die Heiligung der Welt als erstrebenswertes Ziel erkannt wird. So erscheint ein gewisser Sicherheitsstandard als das, was bestenfalls erreichbar sei, nicht aber eine wirkliche Veränderung der Gesellschaft. Wenn dies jedoch tatsächlich das maximale Ziel ist, wird eben dies das maximale Resultat sein – mit seiner Zerbrechlichkeit und Unzulänglichkeit. Auf diese Weise würde das Salz, von dem das Evangelium spricht, schal, und das Licht der Liebe Christi unter den Scheffel gestellt. Es wäre dies der Ausdruck eines geschwächten Vertrauens auf die Realität und Wirksamkeit der Gnade.

❧

Am 23. August 1973 verbarrikadierten sich Jan-Erik Olsson und Clark Olofsson zusammen mit Geiseln, die sie genommen hatten, in der Kreditbank am Norrmalmstorg im Stadtzentrum von Stockholm. Die Lage bliebt fünf Tage lang angespannt; der schwedische Premierminister unterhandelte persönlich mit den Geiselnehmern. Schließlich setzte die Polizei Tränengas ein und stürmte die Bank, nahm die Bankräuber fest und befreite die Geiseln.

Es mutet sehr seltsam an, daß der Unwille der Geiseln sich vor allem auf die Polizei und den Premierminister richtete. Während der Unterhandlungen beschuldigte eine der Geiseln den Premierminister, er sei zu wenig konzessionsbereit; er solle den Bankräubern einen Fluchtwagen zur Verfügung stellen, um *mit den Geiseln* zu entkommen. Später verteidigten die Geiseln öffentlich die Bankräuber und veranstalteten eine Spendensammlung, um deren Verteidigung vor Gericht zu finanzieren. Offensichtlich hatten sie sich die »Logik« und Interessen ihrer Geiselnehmer vollständig zueigen gemacht. Das hier vorliegende psychologische Phänomen wird seitdem als Stockholm-Syndrom beschrieben.

Katholiken, die in einem säkularistischen Umfeld leben, leiden oft ebenfalls an einer Art von Stockholm-Syndrom: Sie sind nicht mehr fähig, echt katholisches Denken von ihren persönlichen Handlungsmaximen im Umgang mit dem Säkularismus zu unterscheiden. Besonders wird diese Haltung im Hinblick auf den Auftrag, die Gesellschaft mit katholischem Geist zu erfüllen, erkennbar: Ein solches Unterfangen sei unmöglich, unangemessen, *engherzig*. Solche – und andere – Etiketten sind alles, was liberalen Katholiken dazu einfällt; schon der bloße Gedanke an eine Katholisierung der Gesellschaft gilt ihnen als unzulässig.

In Wirklichkeit ist die Idee, die katholische Religion gehöre ausschließlich in die Privatsphäre, dem Stockholm-Syndrom vergleichbar. Ganz im destruktiven Sinne des Liberalismus werden Individuum und Gemeinwohl getrennt, ebenso das Gemeinwohl von Gott.

Der Auftrag, die Gesellschaft und ihre Institutionen mit katholischem Geist zu erfüllen, ist Bestandteil dessen, wozu man in der Taufe berufen wird. Für die Gnade spielt die künstliche Einteilung in Privates und Öffentliches, wie sie der Liberalismus postuliert, schlicht und einfach keine Rolle, und ebensowenig darf sie für den Christen eine Rolle spielen. Das Feuer der Gnade kann die Welt gänzlich umgestalten. Niemand hat das Recht, sich oder anderen einzureden, die Kraft sei auf die Privatsphäre beschränkt – denn das ist eine Lüge.

Wenn also der Öffentlichkeitscharakter der Religion, ihre Notwendigkeit zur Umsetzung der Gerechtigkeit und ihre Kraft zur Gestaltung und Umgestaltung der Gesellschaft in Abrede gestellt wird, werden der Macht Gottes und der Wirksamkeit seiner Gnade Grenzen gesetzt. Die Rede »bis hierher kann man gehen, aber nicht weiter« bedeutet, die Institutionalisierung des Gott zugefügten Unrechts hinzunehmen, welches sich weiterhin im Unrecht auswirkt, das an Mitmenschen verübt wird. Allmählich wird auf diese Weise das Vertrauen auf die Gnade Gottes grundsätzlich zerstört, im eigenen Leben wie im Familienleben, denn wenn die Gnade die Gesellschaft nicht umzuwandeln vermag, dann auch nicht die Seele des einzelnen Menschen.

Der Zusammenhang, der zwischen der Tugend der Religion und der gerechten *Gesellschaft* besteht, muß deswegen richtig erfaßt werden, um auch den Zusammenhang der Religion mit der Gerechtigkeit der *Person* zu verstehen. Eine gerechte Gesellschaft hängt von gerechten Personen ab, aber die Personen können zum Vollmaß (natürlicher und übernatürlicher) Gerechtigkeit nur dann gelangen, wenn sie davon überzeugt sind, daß eine gerechte Gesellschaft möglich ist – und wenn sie bereit sind, dieser Gerechtigkeit Geltung zu verschaffen. Das aber bedeutet, daß jeder sich nach der Maßgabe seiner Möglichkeiten dafür einsetzen muß, am Aufbau einer Gesellschaft mitzuwirken, die aus den Sakramenten lebt und in der Gott die ihm geschuldete Ehre erwiesen wird.

Von dieser Haltung, die sich aus dem unverkürzten Glauben ergibt, hängt jedweder echte Fortschritt und damit auch jedwede Zivilisation ab. Wer diese Feststellung für überzogen hält, möge an folgende Stelle des Matthäusevangeliums denken:

> Als aber die Pharisäer vernahmen, daß er die Sadduzäer zum Schweigen gebracht habe, kamen sie zusammen; und einer von ihnen, ein Gesetzeslehrer, fragte ihn, um ihn zu versuchen: Meister! Welches ist das größte Gebot im Gesetze? Jesus aber sprach zu ihm: Du sollst den Herrn, deinen Gott, lieben, aus deinem ganzen Herzen, und mit deiner ganzen Seele, und mit deinem ganzen Gemüte. Dieses ist das größte und erste Gebot. Ein zweites aber ist diesem ähnlich: Du sollst deinen Nächsten lieben, wie dich selbst. An diesen zwei Geboten hängt das ganze Gesetz und die Propheten. (Mt 22,34–40)

Das Liebesgebot bringt den inneren Zusammenhang zwischen sozialer und religiöser Gerechtigkeit auf den Punkt. Gerechtes Handeln gegenüber Mitmenschen ist unmöglich ohne gerechtes Handeln gegenüber Gott – und umgekehrt. Alle Menschen sind zur übernatürlichen Liebe berufen. Sie ist vollkommene Gemeinschaft, Heiligkeit und Gerechtigkeit.

Die Zivilisation braucht Liebe, denn ohne sie kann es nur Barbarei geben. Im Rückgriff auf einen Satz des heiligen Papstes Paul VI. versicherte der heilige Papst Johannes Paul II., daß eine »Zivilisation der Liebe« genau deswegen möglich ist, weil Gott sie einfordert – und Gott immer die Gnade gibt, seine Gebote zu erfüllen.[74]

---

74 Anm. d. Übers.: Vgl. dazu auch die Lehre des Konzils von Trient über die

Die Liebe ist daher nicht eine Utopie: Sie ist dem Menschen als eine mit Hilfe der göttlichen Gnade zu erfüllende Aufgabe gegeben. (…) Hier liegen die Angelpunkte der menschlichen Zivilisation, die nicht anders definiert werden kann denn als ›Zivilisation der Liebe‹. (…) Ja, die Zivilisation der Liebe ist möglich, sie ist keine Utopie. Sie ist jedoch nur möglich durch einen ständigen und lebendigen Bezug zu ›Gott, dem Vater unseres Herrn Jesus Christus, nach dessen Namen jedes Geschlecht im Himmel und auf der Erde benannt wird‹ (vgl. Eph 3,14–15).[75]

Die Zivilisation der Liebe – d.h. die Zivilisation als solche – setzt voraus, Gottes Wort zu glauben. Es handelt sich also keineswegs darum, irgendwelche »angenehmen Emotionen« oder Familientraditionen zu kultivieren. Vielmehr ist Gott als derjenige zu verehren, der er in Wirklichkeit ist: als Schöpfer und Erhalter der Welt. An der Kirche und ihren die Gnade Gottes vermittelnden Sakramenten ist bedingungslos festzuhalten. Diese Gnade ermöglicht es, Gott und den Nächsten zu lieben.

Wenn dies geschieht, erweist sich eine Zivilisation der Liebe nicht nur als möglich, sondern als der Realität der Schöpfung zutiefst entsprechend. Der Mensch wird von Gott, der

Notwendigkeit des Gebets zur Erfüllung der Gebote Gottes (im Dekret über die Rechtfertigung): »Gott befiehlt nichts Unmögliches, sondern wenn er befiehlt, dann mahnt er zu tun, was man kann, und zu erbitten, was man nicht kann, und er hilft, daß man kann« (Denzinger-Hünermann 1536).

75 Papst Johannes Paul II., Brief an die Familien *Gratissimam sane* vom 2. Februar 1994, Nr. 15., (deutsche Übersetzung: Internetpräsenz des Hl. Stuhls: https://www.vatican.va/content/john-paul-ii/de/letters/1994/documents/hf_jp-ii_let_02021994_families.html).

Liebe ist, ins Sein gerufen und im Sein erhalten. Darum ist die Liebe keine der Schöpfung fremde Zutat, sondern ihre Vervollkommnung, die ihre Wurzel in Jesus Christus hat.

Ohne Liebe sind wir nichts (vgl. 1 Kor 13,1–3). Mit der Liebe aber, welche die Gott geschuldete Gerechtigkeit – die Tugend der Religion – einschließt, können unsere Seelen zu vollendeter Schönheit gelangen. Zu einer Schönheit, die jenseits des Vorstellungsvermögens des Säkularismus, des Götzendienstes und des Nihilismus der Gegenwart liegt.

Brandon McGinley ist ein katholischer Schriftsteller und Redner. Beiträge von ihm erscheinen unter anderem in der »Washington Post«, bei »First Things« und dem »Catholic Herald«. Seine Vorträge befassen sich mit dem katholischen Familienleben, Freundschaft und der Erneuerung der Kirche. Er studierte an der Princeton University, ist verheiratet und Vater von vier Kindern.

Dr. Scott Hahn ist seit 1990 Inhaber der Pater-Michael-Scanlan-Professur für biblische Theologie an der privaten Franciscan University of Steubenville sowie Gründer und Präsident des St. Paul Centers für biblische Studien. Er ist Verfasser und Herausgeber von mehr als vierzig wissenschaftlichen und populärwissenschaftlichen Büchern. Zu seinen bekanntesten Werken gehören die Bestseller »Unser Weg nach Rom« und »Das Mahl des Lammes«. Hahn ist seit über 40 Jahren verheiratet, sechsfacher Vater und Großvater von 19 Enkelkindern.

Bischof Fernando Arêas Rifan

Tradition und lebendiges Lehramt

Pastorale Wegweisung

Mit einem Vorwort von
Gerhard Ludwig Kardinal Müller

170 Seiten | Klappenbroschur | 15 €
ISBN 978-3-95621-155-3

Die römisch-katholische Kirche verfügt über ein für alle Gläubigen verbindliches, lebendiges Lehramt – d.h. ein Lehramt, das von lebendigen Menschen ausgeübt wird. Nach dem Zweiten Vatikanischen Konzil ist aber die Weltkirche in eine tiefe Krise geraten, die durch weitverbreitete Unkenntnis auf dem Gebiet der Glaubenslehre, vielleicht in noch höherem Maße durch falsche Interpretation lehramtlicher Texte verursacht ist. In dieser Situation ist das Buch Bischof Fernando Arêas Rifans eine Hilfe für Katholiken, sich mit wesentlichen, heute besonders aktuellen Fragen des kirchlichen Lebens auseinanderzusetzen.

Dabei scheut der Bischof nicht den Konflikt und korrigiert anhand von Texten des Lehramts und bewährter, ganz in der ungebrochenen Tradition der Kirche stehender Theologen weit verbreitete Irrtümer. Es werden Themen behandelt, die für jeden Katholiken relevant sind, z.B.

- das Verhältnis des Lehramtes früherer Päpste zum Lehramt des regierenden Pontifex
- das Gewicht der päpstlichen Autorität in liturgischen Dingen
- die richtige Interpretation kirchlicher Lehrdokumente

renovamen-verlag.de

Joel S. Peters

Die Schrift allein?

21 Gründe gegen das protestantische Bibelverständnis

Mit einem Vorwort des
Hw. H. Kaplan Christian Figura

120 Seiten | Klappenbroschur | 11,99 €
ISBN 978-3-95621-150-8

»Und gleichwie die Bibel niemals ein Gegenstand des Glaubens sein kann ohne die Kirche, so kann sie auch ohne dieselbe nie und nimmer als Regel des Glaubens gelten.«
– Johannes Perrone SJ, *Der Protestantismus und die Glaubensregel*

Sola scriptura – »die Schrift allein« –, so lautet eines der Hauptprinzipien, auf die sich der Protestantismus stützen will. Ist dieses Fundament tragfähig? In *Die Schrift allein?* unterzieht Joel Peters es einer Belastungsprobe, gleich 21mal. Dabei geht er sachkundig und mit unbestechlicher Logik vor. Das Ergebnis ist eindeutig: Das Sola-Scriptura-Prinzip ist ein menschliches Konstrukt und hat mit der von Jesus Christus gestifteten Religion nichts zu tun. Es steht im absoluten Widerspruch zur Heiligen Schrift, den historischen Fakten und dem gesunden Menschenverstand.

Es sind die stillen Worte, die den Sturm bringen – wie es in dieser kleinen apologetischen Schrift geschieht. Sie liefert Sprengstoff, der geeignet ist, einen Grundpfeiler des Protestantismus restlos zu dekonstruieren.

renovamen-verlag.de

Hilaire Belloc

Gegen Mächte und Gewalten

Die alten und neuen Feinde der katholischen Kirche

248 Seiten | Klappenbroschur | 16 €
ISBN 978-3-95621-138-6

Belloc untersucht in seinem Buch *Gegen Mächte und Gewalten* die verschiedenen geistigen Angriffe, denen die Kirche in den letzten zweitausend Jahren ausgesetzt war. Er zeigt auf, wie diese Attacken vor ihrem Scheitern zunächst eine Zeit lang erfolgreich wirkten. Dabei widmet er sich den größten Bedrohungen, denen Christen alltäglich gegenüberstehen. Belloc zufolge hängt das Schicksal der Welt vom Zustand der katholischen Kirche ab. Nur durch sie wird es uns möglich zu verstehen, woher wir kommen und wonach wir streben müssen, um unsere Kultur zu erneuern. *Gegen Mächte und Gewalten* muss als Fortsetzung des Bestsellers *Die großen Häresien* gelesen werden.

renovamen-verlag.de